DESCRIPTIONS

DES ARTS

ET MÉTIERS.

DESCRIPTIONS
DES ARTS
ET MÉTIERS,

FAITES OU APPROUVÉES

PAR MESSIEURS

DE L'ACADÉMIE ROYALE
DES SCIENCES.

AVEC FIGURES EN TAILLE-DOUCE.

A PARIS,

Chez { SAILLANT & NYON, rue S. Jean de Beauvais;
DESAINT, rue du Foin Saint Jacques.

M. DCC. LXI.

Avec Approbation & Privilége du Roi.

ART
DU
CHAMOISEUR.

Par M. DE LA LANDE.

M. DCC. LXIII.

ART DU CHAMOISEUR.

Par M. de la Lande.

Le travail des Peaux & des Cuirs de différens Animaux, renferme plusieurs Arts que nous entreprenons de décrire. Le Chamoiseur, le Mégissier, le Tanneur, le Corroyeur & le Hongrieur; ils sont tous nécessaires aux besoins de la vie; ils sont l'objet d'un commerce précieux; ils renferment des détails de pratique susceptibles de perfection, & des procédés qui ne furent jamais éclairés des lumieres de la Physique; nous les regardons en conséquence comme une partie essentielle des Arts, que l'Académie a entrepris d'examiner & de décrire. L'usage des peaux semble être aussi ancien parmi les hommes, que la coutume de s'habiller: *Fecit Dominus Deus Adæ & uxori ejus tunicas pelliceas, & induit eos*, dit la Genèse, chap. 3. v. 21. On retrouve le même usage dans tous les tems, & chez toutes les Nations: les Sauvages mêmes ne laissent pas de travailler les peaux avec beaucoup d'adresse.

Si la plus utile de toutes les préparations de peaux, est celle qui fournit la partie la plus essentielle de nos habillemens, c'est l'Art du Chamoiseur qui doit avoir la préférence; les peaux qu'il fournit sont les plus chaudes, les plus douces, les plus moëlleuses, & il en peut tirer de tous les Animaux.

1. Le Chamois, proprement dit, en latin *Rupicapra*, est un animal quadrupede & ruminant, presque semblable à une Chevre, dont la peau est extrêmement souple, chaude & belle, lorsqu'elle a été passée en huile; & comme le nombre des véritables Chamois est trop petit pour les usages du commerce, on est en usage de travailler toutes sortes de peaux en forme de Chamois avec la chaux, l'huile, le foulage & la fermentation: on appelle Chamoiseur l'Ouvrier qui les prépare.

L'animal appellé *Chamois*, se trouve fréquemment dans les montagnes de la

Suisse, dans les Pyrénées & dans les Alpes ; ses cornes sont noires & légérement cannelées, recourbées par le haut ; il a deux ouvertures derriere les cornes, huit dents incisives à la mâchoire inférieure, les pieds fourchus & creux par-dessous ; on en trouve une description détaillée, donnée par M. Duverney, dans les anciens Mémoires de l'Académie, Tome III.

2. Les peaux de Boucs & de Moutons se passent en chamois ; & en portent le nom dans le commerce ordinaire ; on a vû dans l'Art du Parcheminier, la maniere de mettre en chaux, de peler & de travailler de riviere ; & nous entrerons encore, à ce sujet, dans de nouveaux détails, lorsqu'il sera question de l'Art du Mégissier : le Chamoiseur fait beaucoup moins d'usage de la chaux.

3. Les peaux de Mouton qui ont été rincées de chaux, après avoir été quelque tems dans le plein, peuvent appartenir au Mégissier pour être passées en blanc, ou au Chamoiseur pour être passées en huile. On verra dans l'Art du Mégissier le travail du confit, de l'alun & de la pâte, qui donnent la blancheur à des peaux de mégie. Nous allons voir comment l'huile, le foulon, l'échauffe, le dégraissage, donnent aux peaux de Chamois, la force, la souplesse, le moëlleux, qui en font les caractères distinctifs & les principaux avantages. Le Mégissier tire d'une peau toute son huile naturelle, & n'y substitue presque rien : aussi les peaux de mégie sont séches, & faciles à déchirer. Le Chamoiseur au contraire, va substituer à cette graisse naturelle qui étoit trop compacte, trop dure, trop sujette à la putréfaction, trop gommeuse & trop dissoluble dans l'eau, une huile douce qui pénétrera le tissu de la peau jusques dans l'intérieur, qui l'adoucira en s'y unissant d'une maniere plus intime, en s'y distribuant d'une maniere plus uniforme que la graisse naturelle, & la garantira des changemens que l'humidité & la pluie causent à une peau naturelle.

La plûpart des Chamoiseurs achetent des Tanneurs ou des Mégissiers les cuirs, c'est-à-dire, les peaux déja pelées & prêtes à travailler de riviere, parce que les Mégissiers sont en possession du commerce des laines, comme nous l'avons dit en parlant du Parcheminier, qui est une espece de Mégissier.

4. Quand on passe en chamois des peaux de Mouton & des peaux de Chevre, on ne les met pas indistinctement & pêle-mêle dans un même habillage, parce que le Mouton s'échauffe difficilement dans le foulon, au lieu que la Chevre étant échauffée beaucoup plutôt, seroit altérée avant que les peaux de Mouton fussent au point nécessaire ; les Chevres pourroient même se brûler, pour peu qu'on les laissât reposer dans le moulin, ou qu'elles restassent en pile au sortir du moulin, comme on le verra Art. 29.

5. Les peaux de Mouton dont se sert le Chamoiseur, s'achetent à Paris chez le Mégissier ; il n'est pas permis aux Chamoiseurs de les tirer de la Boucherie ; les Mégissiers, après en avoir tiré la laine, les laissent quelques jours dans un

mort-plein, pour les conserver jusqu'à ce qu'ils en aient une quantité suffisante.

Le Chamoiseur en recevant les peaux du Mégissier, les jette dans un autre plein-mort pendant huit jours, plus ou moins selon qu'on est pressé ; ce plein-mort commence à disposer les peaux, & les prépare à l'action d'un plein-neuf.

6. On a vû dans l'Art du Parcheminier & l'on verra dans celui du Mégissier, la maniere de faire un plein-neuf; celui du Chamoiseur n'en differe pas : on y laisse les peaux quinze jours, un mois, quelquefois deux mois, suivant que les peaux paroissent plus ou moins attendries, ou que la saison contribue à accélérer le travail; mais pendant cet intervalle on léve tous les deux jours, & quand les peaux ont été en retraite pendant le même-tems, on les recouche dans le plein.

Les peaux de Moutons n'exigent qu'un mois de plein; les Boucs y sont jusqu'à deux mois, & quelquefois davantage.

Les Boucs & les Chevres qui se travaillent chez les Chamoiseurs, s'achetent à poil; car le Mégissier n'y a aucun droit. On les tire d'Orléans & de plusieurs autres Provinces, parce qu'il y a peu de Chevres aux environs de Paris. Comme elles sont séches, on est obligé de les jetter dans un cuvier plein d'eau, pour les faire revenir pendant quelques jours, & les ramollir; on les retale ensuite sur le chevalet, avec un couteau concave qui ne coupe point, mais qui travaille & abat le nerf, assouplit & prépare la peau : on en peut rétaler deux cents dans un jour.

Les peaux qui sont retalées, se jettent encore dans l'eau pour y demeurer l'espace de deux jours; elles achevent de s'y ramollir, & deviennent comme des peaux fraîches ; alors on les jette dans un mort-plein, pour faire tomber le poil ; il ne faut pas quinze jours, même dans un plein dont l'activité est tout-à-fait épuisée ; il en faudroit bien moins, si on les jettoit dans un plein un peu plus actif : mais un plein-neuf saisiroit trop les peaux; il faut les disposer par des pleins-morts.

9. Les peaux de Boucs & de Chevres se pelent ensuite avec le couteau ordinaire qui ne coupe presque pas, mais qui ne fait qu'enlever le poil, ainsi que nous avons appris à débourrer les Veaux dans l'Art du Parcheminier : on peut peler deux cents peaux de Chevres dans un jour.

La bourre de Chevre & de Bouc, se vend de 10 à 15 livres le cent, quand elle a été bien lavée dans des paniers, & séchée au soleil. On l'employoit autrefois en filature, pour faire des tapisseries communes; mais le poil de Chevre, si employé dans le commerce, se tire du Levant.

Après que les peaux ont été pelées, on les met dans un plein-neuf; c'est celui où elles doivent *plamer*, c'est-à-dire, s'attendrir & se dégraisser pour pouvoir être passées en huile.

10. M. Denis, Directeur de la Manufacture Royale de Corbeil, m'a dit avoir

fait avec M. Guimard, Inspecteur Général des Cuirs en 1745, des expériences qui tendoient à se passer de la chaux pour le Chamois, comme pour les cuirs forts, en employant des *bassemens*, c'est-à-dire, des eaux aigres faites avec la farine d'orge. Ces eaux aigres produisoient en effet la même fermentation, le même gonflement dans les peaux, & en bien moins de tems que l'eau de chaux : cependant ils ont cru reconnoître que les peaux qui en résultoient ne devenoient pas aussi moëlleuses que celles qui ont passé dans la chaux; peut-être parce que la gomme naturelle & la graisse séche dont le tissu de la peau est abreuvé ne s'en détache pas assez promptement pour pouvoir quitter dans les bassemens, ou que ces parties ont besoin de l'action corrosive de la chaux.

Les bassemens qui furent employés dans ces expériences étoient absolument les mêmes que ceux qui servent dans la Tannerie pour les cuirs forts, & que nous décrirons amplement lorsqu'il sera question de l'Art du Tanneur. Il nous suffira de dire ici que pour un cuir de bœuf qui pese 100 livres à la raye, c'est-à-dire, au sortir de la boucherie, on emploie 20 livres de farine d'orge, & que la fermentation dure quinze jours ou trois semaines suivant la saison; il faut relever les cuirs tous les jours pendant quelques heures pour pouvoir aider la fermentation par le contact de l'air; au reste, ceux qui voudroient répéter ces expériences qui mériteroient d'être suivies même pour le Chamois, auront recours à l'Art du Tanneur, que nous publierons incessamment.

Pour éviter les frais de l'orge qui vont au moins à quinze ou vingt sols par cuir, M. Guimard employa aussi des marrons d'Inde pour faire ses bassemens, & ils réussirent passablement; en général, toutes les substances végétales étant sujettes à s'aigrir & à fermenter plus ou moins vîte, comme nous le dirons en parlant du Confit (15), elles peuvent être propres à faire des bassemens.

On a fait aussi du Chamois qui n'avoit passé ni dans la chaux ni dans les bassemens, mais seulement dans une eau de sel & d'alun, comme les cuirs de Hongrie : mais les peaux ne prenoient point de corps; elles étoient trop plates, trop resserrées par la stypticité de l'alun.

11. Les peaux de moutons, de veaux & de chevres, après avoir été travaillées de riviere, sont en état d'être effleurées. On fait du Chamois effleuré, & du Chamois à fleur; ce dernier n'acquiert jamais la souplesse, l'épaisseur, le cotoneux de celui qui est effleuré; il est beaucoup plus long-tems dans le moulin & à l'échauffe : mais il est plus fort, & on le demande pour certains usages, à cause de sa durée. Il n'y a gueres que le veau & le mouton qu'on puisse travailler ainsi; les boucs, les chevres, les chamois, les daims ne sçauroient conserver la fleur; elle est trop âcre, trop dure, trop cassante, & difficile à nourrir d'huile; mais quand ces peaux sont effleurées, le côté de la fleur est le plus cotoneux, le plus beau; & c'est celui qui se porte au-dehors dans un habillement, au lieu que

que le mouton se porte du côté de chair.

On fait à Grenoble & à Orléans des veaux à fleur; mais on ne prend gueres que les peaux qui sont défectueuses, & qui ne peuvent pas servir dans la Tannerie.

On effleure une peau avec un couteau concave, dont le milieu ne coupe presque pas, & dont les extrémités seulement sont tranchantes; les extrémités tranchantes servent à couper, quand il est nécessaire, les parties les plus dures de l'épiderme ou de la fleur; quand elle est à moitié détachée par le tranchant, la partie mousse du couteau acheve de l'enlever, ou plutôt de l'arracher, en appuyant de force le couteau sur la peau du haut en bas; lorsque les peaux sont *creuses*, (81) & qu'il est à craindre d'en arracher des lambeaux par cette opération, on rase la peau, c'est-à-dire, qu'on coupe l'épiderme au lieu de l'arracher; elle cotonne moins, & elle est moins douce après le travail, que si elle eût été rasée.

On donne un sol de chaque peau de mouton à celui qui effleure, & dix-huit deniers d'une peau de bouc ou de chevre; on peut en effleurer trois ou quatre douzaines par jour.

12. Après avoir effleuré les peaux, on les met dans l'eau, c'est-à-dire, dans un bacquet où elles trempent quelque tems; on les foule dans ce bacquet avec des pilons qui sont formés chacun d'une petite masse de bois & d'un manche de quatre pieds de long, comme nous l'avons représenté en *u*, *Planche I.* On les tord pour en exprimer l'eau: mais cette opération est bientôt faite; on en tordroit cinq à six cents par jour. Si les peaux sont bien travaillées de riviere, l'eau en sortira claire & limpide, & c'est ainsi qu'elle doit être: si deux ou trois façons de fleur & de chair ne suffisoient pas pour les bien nettoyer & assouplir, on en donneroit encore davantage.

13. Les Chamoiseurs qui sont aussi Mégissiers-blanchers réservent pour la blancherie les peaux qui souffriroient trop par l'effleurage; en effet, le travail du Mégissier est beaucoup moins dur, & fatigue bien moins les peaux que celui du Chamoiseur. Il y a même souvent dans les peaux qu'on effleure des parties où l'on est obligé de laisser la fleur, parce que la peau y est creuse, & qu'il ne resteroit qu'une demi-épaisseur trop foible pour résister au moulin; c'est ainsi que souvent dans le ramaillage, on réserve la culée & les colets pour soutenir la peau.

Cette opération est très-utile pour les peaux qu'on se propose de mettre en couleur; car les peaux effleurées se teignent plus aisément.

14. L'effleurage, c'est-à-dire, l'épiderme qu'on enleve de dessus la peau en effleurant, sert à faire de la colle qui est très-recherchée & très-bonne; on lave & l'on fait sécher au soleil cet effleurage, & on le vend treize, quinze ou dix-sept livres le cent, suivant le tems.

Après avoir effleuré, on écharne encore les peaux si cela est nécessaire, &

que le travail de riviere n'ait pas emporté tout ce qu'il y a de charnu & d'inutile sur le côté opposé de la fleur.

DU CONFIT.

15. Les peaux qui ont été vingt-quatre heures dans l'eau, & qui sont bien foulées & ramollies, se mettent en Confit, c'est-à-dire, dans un bacquet d'eau où l'on met un peu de son pour s'aigrir & faire fermenter la peau.

Le Confit est beaucoup moins nécessaire au Chamois qu'à la Mégie, c'est-à-dire, aux peaux blanches; le Chamois passera un ou deux jours dans le Confit, tandis que les peaux en Mégie de la même qualité y seront quinze jours ou trois semaines; le Confit ne sert au Chamois qu'à préparer le travail du moulin; la peau déja un peu attendrie, recevra plus aisément l'huile qui doit s'y introduire & la pénétrer; mais si l'on a un tems chaud & une eau douce mucilagineuse qui abatte beaucoup les peaux, c'est-à-dire, qui les travaille & les pénetre facilement, on peut se passer totalement du Confit, & le moulin peut y suppléer. Ainsi il y a des peaux qu'on se contente, en été, de passer dans l'eau de son, & qu'on en retire tout de suite: on jette quelques poignées de son dans un bacquet d'eau; on y met une cinquantaine de peaux; on jette encore un peu de son par-dessus; on les remue, on les retourne, on les manie dans cette eau de son pendant deux à trois minutes, & on les retire pour faire place à d'autres. Quand toutes les peaux qu'on veut habiller ont été passées dans le son, on les tord pour en exprimer l'eau, & on les porte au moulin; les particules de son qui restent attachées à la peau, quoiqu'en petite quantité ne laisseront pas de l'*abattre*, c'est-à-dire, d'aider à la fermentation lorsque ce son viendra à s'aigrir, & que les peaux au sortir du moulin se reposeront avec leur son.

16. Les peaux qui sortent du Confit doivent être lavées, & tordues avec la bille, avant d'être portées au moulin pour y être foulées; parce qu'il suffit qu'elles aient de l'humidité & de la souplesse pour se prêter à l'action des maillets.

Pour tordre les peaux, on en met quatre sur une perche en forme de traverse soutenue à la hauteur de cinq pieds par deux montants verticaux; on range ces quatre peaux de la maniere suivante: la premiere pend du côté de l'Ouvrier, n'ayant sur la perche que quelques pouces de la longueur de la peau, ou ce qui est nécessaire pour l'y soutenir; la seconde pend du côté opposé, & ne recouvre qu'une partie de la premiere; les deux autres sont placées sur les deux premieres, l'une d'un côté, l'autre de l'autre; toutes quatre sont d'abord étendues sur toute leur largeur, mais on replie ensuite les bords sur le milieu de chaque côté pour pouvoir saisir le tout avec plus de facilité.

La bille dont on se sert pour tordre les peaux, est un instrument de fer composé de deux branches en équerre & d'un demi-cercle de trois à quatre pouces de diametre, dont le plan est perpendiculaire à celui des deux branches; les branches ont l'une un pied & demi, & l'autre deux pieds; le demi-cercle qui a trois ou quatre pouces de diametre, est placé à l'endroit où se joignent les deux branches, & le tout ensemble forme comme une espece de manivelle pour aider l'action de celui qui tord une peau : on voit la bille en *X*, *Planche I*, & en *C* l'action de celui qui tord les peaux.

17. Pour se servir de la bille, on la prend de la main droite, & l'on applique une de ses branches verticalement sur un des côtés de l'assemblage des quatre peaux, la partie concave de la bille embrasse alors les peaux qui sont en avant, & l'Ouvrier prend de la main gauche la branche de la bille avec l'extrémité des deux peaux qui pendent vers lui; avec l'autre main, il fait tourner la seconde branche de la bille par-dessous les deux autres peaux, il les ramene ainsi autour des deux que la bille avoit déja prises, & saisissant aussi de la main gauche les extrémités de ces deux dernieres peaux; il continue avec la main droite de faire tourner la bille sur les quatre peaux; ce frottement en exprime l'eau qu'elles contenoient en abondance. Quand la bille a fait dix ou douze tours, on la dégage, & l'on recommence à tordre une seconde fois en reprenant la peau de la maniere que nous l'avons dit; les plis étant changés dans la seconde opération, & les peaux un peu plus basses, la partie qui étoit auparavant sur la perche, se trouve tordue à son tour, & l'eau est mieux exprimée dans le total de la peau.

DU MOULIN.

18. Il y a des Chamoiseurs qui font passer les peaux dans le moulin pendant deux heures au sortir du Confit, avant que de les mettre en huile, & qui leur donnent ensuite un vent blanc d'un quart-d'heure; mais ce travail n'étant pas le plus essentiel, nous ne parlerons du Moulin qu'après avoir indiqué le travail de celui qui donne l'huile.

Le Confit ayant un peu attendri les peaux, & le moulin les ayant assouplies, elles peuvent recevoir la premiere huile; on jette sur la table une foulée qui est de douze douzaines de mouton; on les prend toutes séparément, on les secoue, & les étendant l'une sur l'autre sur la table, on trempe les doigts dans l'huile, & on les secoue sur la peau en différents endroits, de maniere qu'il y ait assez d'huile pour humecter légérement toute la surface de la peau; on la distribue avec la paume de la main que l'on passe sur toute la surface de la peau, & on plie la peau dans sa largeur à quatre doubles, en lui laissant toute sa longueur. C'est sur la fleur qu'il faut donner l'huile, autant qu'il est possible; car comme la fleur est plus susceptible d'être surprise par le vent, il est plus essentiel de tenir la fleur tranquille par le moyen de l'huile qui garantit la surface. La table qui sert à mettre en huile doit avoir un rebord pour empêcher que l'huile ne coule & ne se perde.

A mesure que la peau a reçu son huile, l'Ouvrier la jette sur son poignet gauche; lorsqu'il y en a trois ou quatre, la suivante s'étend sur le poignet, de maniere à embrasser & à couvrir la main avec les quatre peaux qui y sont déja; alors l'Ouvrier prenant de la main droite le bas de cette derniere peau, il le ramene en avant & par-dessus la main, & avec lui les extrémités des quatre autres; il retire alors sa main gauche de dedans les peaux, & il fait entrer à la place les extrémités bien tordues de toutes ces peaux; cela forme une *pelote* de la forme & de la grosseur d'une vessie ordinaire; on la jette dans la pile du moulin pour y être foulée, & ainsi de suite, jusqu'à ce que la *coupe* du moulin, c'est-à-dire, la *pile* ou l'auge, soit remplie. Il en faut ordinairement douze douzaines pour former une foulée. Il y a d'autres endroits où la coupe est de vingt douzaines.

Les peaux ainsi mises en huile, se portent au Moulin pour y être foulées & assouplies pendant l'espace de deux heures plus ou moins; nous allons donner la Description du Moulin qui sert aux Chamoiseurs.

Description du Moulin.

19. La *Planche II*. représente le Moulin vû de profil, c'est un bâtis de onze pieds de haut sur six pieds de large & six pieds & demi de profondeur, sur lequel est fixée une piéce de bois C, *Fig.* 1 & 2, creusée pour recevoir les peaux, on l'appelle *la Coupe*. Elle a deux pieds de hauteur sur deux pieds & demi de large, & cinq pieds de profondeur. La masse ou le marteau *A* qui frappe dans la coupe, a un manche de huit pieds de long suspendu en *B* au haut du bâtis; il est éloigné de la perpendiculaire par les mentonets *d*, garnis de rouleaux, qui sont fixés sur un arbre tournant *D*. Cet arbre porte une lanterne de dix-neuf fuseaux, qui est mue par un hérisson *E*; & celui-ci est fixé à l'extrémité d'un autre arbre de renvoi, dont nous parlerons bientôt. On monte à ce Moulin par un escalier *I*, pour desservir la coupe C.

20. Derriere le Moulin, est un petit treuil *F*, sur lequel s'enveloppe une corde qui passant sur une poulie *H* qui est au haut du bâtis, se termine par une boucle pour venir prendre un crochet *G*, attaché à la tête du pilon: par le moyen de ce crochet & du treuil, on éleve les maillets, & on les met hors de prise, soit quand on veut arrêter le Moulin entier, soit quand il s'agit de servir une des quatre coupes, tandis que les trois autres continuent d'être foulées.

21. Les *Figures* 3 & 4 de la *Planche II*, représentent le Moulin vu de face & par derriere; on y remarque les mentonets *G* de l'arbre qui fait mouvoir les pilons *HH*, & les cordes *II* qui servent à les arrêter; la lanterne *F* qui est portée sur l'arbre des cames a dix-neuf fuseaux; elle est conduite par l'hérisson *F* qui a trente-six dents; l'arbre de renvoi qui porte l'hérisson *F*, est garni à l'autre extrémité d'une lanterne C, de vingt-deux fuseaux; cette lanterne a deux pieds quatre

quatre pouces de diametre, elle conduit un rouet *B* de ſept pieds de diametre & de quarante-huit aluchons, élevé au-deſſus du ſol d'environ cinq pieds. A ce rouet, l'on applique deux leviers *A*, d'environ quinze pieds, auxquels ſont attelés deux chevaux, par le moyen des paloneaux *LL*; ces deux chevaux tournent ſur une circonférence *KK*, *Planche* III. de quatre-vingt-dix pieds, qu'ils décrivent communément deux fois par minute, quelquefois un peu plus vîte, du moins lorſqu'on les anime; l'arbre des cames fait environ quatre tours & demi pour chaque tour des chevaux, & comme il y a deux mentonets ſous chaque maillet, chacun donne quinze ou dix-huit coups par minute.

22. On doit avoir ſoin de viſiter quelquefois les piles, de peur que des éclats de bois détachés par le frottement ou par l'uſure des piles ou des marteaux, n'endommagent les peaux. Par la même raiſon, on ne doit jamais laiſſer battre à vuide les marteaux dans les piles, ni laiſſer agir un marteau tout ſeul; car il frapperoit contre le bois de la pile, s'il n'étoit accompagné d'un ſecond qui lui renvoie les peaux auſſi-tôt que ſon coup eſt donné; c'eſt cette alternative qui donne le mouvement néceſſaire aux pelotes pour une bonne foule.

23. Les peaux demeurent ſous les pilons l'eſpace d'une heure & demie, deux heures, trois heures, ſuivant qu'elles ſont plus ou moins faciles à pénétrer par l'huile, plus ou moins abattues & diſpoſées par la chaleur de l'air, par la fermentation du Confit, & par la nature graſſe ou maigre de la peau. Les Chamoiſeurs qui n'ont pas de moulin chez eux, payent ordinairement quatre livres tournois pour une coupe de vingt douzaines.

24. Après le travail du moulin, il faut *ſortir* les peaux, leur donner un vent ou un évent; pour cela, on les étend toutes dans un pré ſur des cordes à hauteur d'appui; on les y laiſſe un quart-d'heure, une demi-heure, ſuivant les tems ou le beſoin de chaque peau, on ne les quitte point de vûe; on *ſe promene ſur les cordes*; on obſerve les peaux avec ſoin, tant qu'elles ſont étendues; on va de l'une à l'autre les manier, les trier, examiner ſi elles ont aſſez de vent, & les retirer à meſure; il eſt auſſi eſſentiel de leur donner du vent, qu'il eſt dangereux de leur en donner trop; le grand air enleve une partie de l'huile, & fait pénétrer le reſte: mais ſi on en laiſſoit trop évaporer, les peaux deviendroient très-difficiles à travailler: il y en a qui ſont intérieurement & naturellement graſſes; elles paſſeroient la journée ſur les cordes ſans ſe gâter: il y en a à qui il ne faut qu'un quart-d'heure. Lorſqu'une peau eſt priſe du vent, c'eſt-à-dire, que l'huile l'a quittée, & que l'humidité de l'eau s'y eſt deſſéchée, la peau devient dure; l'huile a beaucoup de peine à la pénétrer; elle a beſoin d'être foulée long-tems, & remiſe pluſieurs fois en pelote pour pouvoir revenir à ſon premier état.

25. On a ſoin, dans la conſtruction d'un moulin, de ſe ménager un grenier ou une eſpece de ſoûpente fort élevée, mais fort près du moulin, où l'on jette les

peaux qui sortent du moulin, en attendant qu'on les mette à l'échauffe; je dis qu'il doit être fort élevé pour empêcher que les rats ne puissent y aborder : car ils feroient dans ces peaux huilées un dégât considérable si on les laissoit par terre ou dans des greniers peu fréquentés.

26. Après avoir laissé les peaux sur les cordes assez long-tems, pour que l'huile ait agi sur leur tissu & les ait pénétrées, on les remet dans la pile du moulin pour y être encore foulées une heure ou deux, & on les reporte sur les cordes : on donne ainsi deux ou trois vents sur une huile, si cela est nécessaire, comme si les peaux sont naturellement grasses; au contraire, si elles sont seches & difficiles à pénétrer, on donnera deux huiles sur un vent, c'est-à-dire, qu'après qu'elles ont été mises en huile & foulées, on les remet tout de suite en huile sans les mettre au vent; car comme le vent fait évaporer une partie de l'huile qui est à la surface de la peau, s'il n'y en a pas assez pour que cette évaporation devienne nécessaire, on ne les met point sur les cordes.

27. On donne ainsi jusqu'à 5, 6, 7, ou 8 vents à des peaux, & chaque fois on les remet au foulon, si cela est nécessaire; mais il arrive souvent qu'on donne deux ou trois vents sur une huile, & quelquefois aussi deux huiles sur un vent; c'est ici qu'il faut toute l'expérience d'un Moulinier intelligent; dans les peaux qui ne sont encore que peu avancées, on connoît au tact si elles ont assez d'huile ou assez de vent; dans celles qui sont plus avancées ou qui sont sur leur fin, on a recours à l'odorat; il y a une certaine odeur de moutarde, qui prend la place de l'odeur de chair, & à laquelle on reconnoît que les peaux ont pris de l'huile suffisamment. Les peaux qui sont fortes, ont besoin d'avoir plus de vents & plus de foules; on en donne jusqu'à douze à des peaux de cerfs; les derniers vents sont ceux qui exigent plus de précaution ; la peau se vître aisément, c'est-à-dire, qu'il s'y forme des clairs, produits par la crispation & la rétraction de certains plans de fibres qui se contractent plus que les autres, à cause de l'impression de l'air.

28. Les cinq ou six vents dont nous avons parlé, sont mêlés de trois ou quatre huiles, quelquefois davantage, suivant le besoin des peaux; à la pénultieme, c'est-à-dire, à la quatrieme huile, si l'on n'en veut donner que cinq, la peau demande à se reposer dans l'huile, pour avoir le tems de s'en pénétrer & de s'unir, pendant une semaine au moins, plus long-tems si on le peut; il faut qu'elle mange son huile sur le repos, alors elle se gonfle & se nourrit, par un petit commencement de fermentation; mais il faut bien se garder alors de faire des piles ou d'entasser les peaux les unes sur les autres : elles s'échaufferoient en peu de tems, & d'autant plus promptement qu'elles sont encore vertes, c'est-à-dire, qu'elles contiennent encore une partie de la substance animale, qui est toujours fort disposée à la fermentation.

29. Un vent qui ne demande quelquefois qu'une demi-heure ou une heure quand il fait beau, peut exiger en hyver une journée entiere ; quelquefois même cela ne suffit pas, alors on laisse reposer l'ouvrage ; mais il faut prendre garde que ce ne soit pas en piles ou en tas, parce qu'il pourroit s'échauffer & se gâter malgré la saison.

30. Quand il pleut, & qu'on ne trouve pas d'intervalle de beau tems pour étendre les peaux dans le jardin, on les étend dans un grenier : mais alors elles séchent plus difficilement ; il peut arriver même qu'il s'en pourrisse, & il vaut mieux laisser reposer l'ouvrage en pareille circonstance : c'est ce qui fait qu'en plusieurs endroits, on ne travaille point le Chamois en hyver.

Ceux qui sont pressés & qui travaillent en hyver, sont quelquefois obligés d'employer l'étuve, mais seulement pour finir les peaux, quand elles sont *hors d'eau*, c'est-à-dire, que l'humidité les a abandonnées, & que l'huile a déja pris le dessus, & s'est établie dans l'intérieur des peaux ; si elles étoient trop vertes, elles ne pourroient pas soutenir l'étuve : elles se racorniroient, & ne pourroient plus reprendre leur premiere souplesse. Ces étuves consistent en un endroit bien clos, qui n'ait qu'une petite issue pour la fumée, dans lequel on allume un feu léger avec du petit bois ou du charbon, pendant l'espace de deux heures, les peaux étant suspendües deux à deux à des clous. L'échauffe est représentée en *D*, dans la *Planche III*, *Fig.* 10 *&* 11.

L'étuve ne vaut pas un petit air de vent ; le travail en est plus long & moins sûr ; on n'y a recours que dans un cas pressant, lorsqu'il pleut & qu'on ne peut étendre les peaux en plein air, du moins pour suppléer au vent ; car elle s'emploie toujours après le travail du moulin, comme on le verra, Art. 33.

31. Nous avons dit que pour jetter les peaux dans les piles, on en fait des pelotes, en les rassemblant quatre à quatre ; ces pelotes ne se défont point, si ce n'est vers la fin de l'opération, & alors elles sont communément assez foulées ; cependant il arrive que des peaux se trouvent surprises par le vent, qu'elles ont trop d'eau, & sont difficiles à pénétrer par l'huile, on est obligé de refaire les pelotes ; au contraire, quand les peaux sont *en foiblesse*, c'est-à-dire, que sur la fin de l'habillage elles sont *hors d'eau*, & commencent à gonfler, par le moyen de l'huile, ces peaux se collent l'une à l'autre, & les pelotes ne se défont point.

32. Les peaux de bouc & de mouton, ne prennent gueres qu'une livre d'huile, par douzaine, à chaque fois qu'on les met en huile ; & pour le total, on observe qu'il entre tout au plus huit à neuf livres d'huile dans une douzaine de peaux de moutons de la sorte de Paris, & douze livres pour les peaux de boucs: celles-ci, lorsqu'elles sont passées & bien seches, pesent de dix à quinze livres la douzaine.

On emploie également les huiles de Morue, de Baleine, de Sardine, de Hareng, de Marsouin, qui coutent 50 à 55 livres le quintal; avant la guerre, on les avoit pour dix écus; l'huile de Sardine passe pour être la plus maline, la plus vive, celle qui nourrit le plus une peau : mais aussi elle donne plus de peine dans le dégraissage; l'huile de Baleine est celle qui avance le moins, & s'unit le plus difficilement à la peau. Il y a aussi des huiles qui encrassent plus que d'autres; mais le plus grand défaut de l'huile pour les Chamoiseurs, est d'être mêlée avec de l'huile de grains; les huiles végétales brûlent, durcissent, sechent les peaux, & les rendent plus difficiles à dégraisser; les huiles animales sont plus douces, plus onctueuses. Les Corroyeurs même trouvent que l'huile de poisson, si elle n'étoit pas recuite & mêlée avec une lessive, comme nous le dirons en parlant du dégras, seroit trop vive, trop seche, pour les cuirs gras dont ils se servent : il en seroit de même du suif frais qui brûle le cuir, disent les Ouvriers; tandis que le suif recuit est beaucoup meilleur, parce que les parties animales y sont plus concentrées, & plus débarrassées de la partie aqueuse.

Mettre les Peaux en chaleur ou en échauffe.

33. Lorsque les peaux à l'aide du vent & du foulon, sont pénétrées d'huile autant qu'elles peuvent l'être, il s'agit de les mettre en chaleur, c'est-à-dire, en fermentation, pour dilater davantage le tissu de la peau, pour la faire enfler, pour unir & incorporer l'huile dans ses fibres. Nous avons exposé, à l'occasion du Confit, le principe & l'effet de la fermentation; cette chaleur qui s'excite naturellement dans les substances végétales & animales, est un mouvement des parties insensibles qui s'agitent en tout sens, se divisent, se mêlent, se pénétrent & se combinent mutuellement. C'est ce qui fait l'union intime de la peau avec l'huile ; c'est la nourriture de la peau ; c'est-là véritablement qu'une peau est passée en huile : jusqu'ici l'huile est appliquée sur les fibres de la peau; mais elle ne lui est pas unie. Les peaux, avant d'être mises en chaleur, ne paroissent encore que comme de la tripe un peu huilée, dont le dégraissage enleveroit toute l'huile, si on les mettoit alors dans la lessive.

34. L'échauffe est une petite chambre étroite & fermée de tous côtés, dans laquelle on met les peaux en pile les unes sur les autres, pour y subir une fermentation qui les échauffe, les dilate, les amollit & fait pénétrer l'huile dans leur substance : on la voit représentée dans la *Planche III*, *Fig.* 10 & 11.

On est souvent obligé d'allumer du feu dans l'échauffe, pour préparer les peaux à recevoir la chaleur de la fermentation : mais c'est avec du petit bois, des mottes, quelquefois même avec de la paille; car il suffit de leur donner un commencement de chaleur, pour qu'elles ne soient pas si long-tems dans l'échauffe :

l'échauffe : & ce feu artificiel est inutile en été, ou lorsque les peaux sont déja fort attendries.

L'étuve dont on se sert à la Manufacture de saint Hippolyte, a six pieds de haut, & onze pieds en long & en large; plusieurs perches tendues horisontalement & à quelques pouces du plafond, portent des clous à crochet où l'on attache d'abord les peaux : le milieu de l'étuve est libre. C'est-là qu'on allume un petit feu de la hauteur d'un pied, avec autant de largeur; au-dessus est un petit soupirail d'environ six pouces en tout sens, qui sert à diminuer la chaleur, quand on craint qu'elle ne surprenne les peaux; il y a aussi, sur le côté, une fenêtre d'environ six pouces, fermée par un carreau de vître qui glisse dans une coulisse, pour que l'Ouvrier puisse respirer de tems-en-tems. Lorsqu'on a des peaux qui sont déja anciennes, & qu'on veut les mettre en chaleur, on leur donne une huile, & on les fait fouler un peu : cela remet en mouvement l'ancienne huile, & dispose le tout à la fermentation.

On voit à la *Planche III*, *Fig.* 10. le plan de l'étuve; & dans la *Fig.* 11, la perspective de l'intérieur de cette petite chambre; le feu qu'on y allume est représenté en *D*; *EE*, marquent les perches garnies de crochets, auxquels on suspend les peaux, pour qu'elles commencent à s'échauffer. *F*, est le soupirail qui répond au-dessus de la flamme, pour lui donner issue. *G*, représente dans les deux Figures les peaux mises en tas ou en échauffe, pour fermenter & contracter une chaleur suffisante.

35. L'échauffe est absolument nécessaire au Chamois; c'est elle qui fait la peau, qui lui donne du corps & de la nourriture, qui dilate les fibres, qui enfle & raccourcit la peau, qui la rend douce & cotoneuse, qui unit & incorpore avec elle les parties huileuses; sans cette fermentation, le dégraissage dont nous parlerons bien-tôt, emporteroit tellement l'huile que le Foulon y a fait entrer, que la peau reviendroit presque en tripe, c'est-à-dire, dans le premier état où elle étoit au sortir de la chaux; l'huile n'y est encore unie qu'accidentellement, & c'est par la fermentation que les deux substances s'uniront d'une maniere inséparable. Les peaux fermentent quelquefois aussi-tôt qu'elles sont en échauffe; il y en a qui y demeurent plusieurs heures, sans qu'il soit nécessaire de les remuer; lorsque la chaleur est assez grande, pour qu'on ait peine à y tenir la main, on remue les peaux, on en fait de nouveaux tas, on les renverse en sens contraire en les prenant par poignée : on fait quelquefois de la sorte sept à huit remuages.

36. Quand l'huile a jetté son feu, & qu'à force de remuer les peaux on a abattu cette fermentation, il n'y a plus rien à craindre; les peaux ne sçauroient s'échauffer davantage; on peut les garder aussi long-tems qu'il est nécessaire, les étendre ou les mettre en tas; elles ne peuvent plus se gâter : elles gagnent

plutôt à être gardées. La peau ne demande qu'à se reposer dans l'huile ; les Fabriquants qui ne sont pas absolument pressés de la rentrée de leurs fonds, attendent les tems de foires ou de vente pour dégraisser leurs peaux, & jusques-là ils les gardent en huile.

Il est essentiel pour les peaux que l'on met en échauffe, d'avoir été bien travaillées de riviere, bien rincées & bien tordues ; s'il y restoit de l'eau, & qu'elles eussent été mal passées, la fermentation seroit trop dure, trop séche, trop brûlante : les peaux se noirciroient & se durciroient dans l'échauffe.

Remailler ou enlever l'arriere-fleur.

37. Les peaux de boucs, de cerfs & de chevres, après avoir été foulées, ont besoin d'être remaillées sur le chevalet, avec le fer à écharner ; dans cette opération, il s'agit d'enlever le reste de la fleur ou de l'épiderme, que la premiere opération a laissé ; la fleur ou l'épiderme de ces sortes d'animaux a beaucoup d'épaisseur ; les racines du poil pénétrent fort avant, & forment un tissu dur & sec qui ne prend point la nourriture, qui se roidit comme une corne, rend la peau cassante, & lui ôte la douceur & le cotoneux qu'elle doit avoir pour l'usage.

38. Le couteau dont on se sert pour remailler est concave ; il ne coupe presque pas ; il arrache plutôt qu'il ne tranche la surface ou l'épiderme de la peau ; on le promene avec force, & presque perpendiculairement du haut en bas, en le couchant seulement un peu lorsqu'il est arrivé au bas de la peau, pour mieux emporter l'huile & le remaillage qui ont été enlevés de la peau ; cette huile qui forme avec l'épiderme, appellée *remaillage*, une pâte assez épaisse se jette au bas du chevalet, d'où on la retire avec soin pour la mettre dans un bacquet ; lorsqu'ensuite on fait bouillir le dégras, comme nous le dirons ci-après (51), on y jette ce remaillage ; peu-à-peu il se délaie, se cuit & s'épure avec le reste.

Le chevalet qui sert à remailler, exige plus d'attention que le chevalet à effleurer ; il doit être plus uni & plus lisse, de peur que le couteau n'arrache les éminences que feroit la peau sur les inégalités du chevalet ; si l'on se sert du même chevalet pour effleurer & pour remailler, il faut avoir soin de le visiter & de l'unir avec le couteau en commençant un remaillage.

39. On regarde le remaillage, comme une des opérations difficiles de la Chamoiserie ; car il arrive souvent, que l'on apperçoit du gras en certains endroits sur une peau déja passée, & cela vient du défaut du Remailleur ; aussi dans les Manufactures où il y a beaucoup de monde, chaque Ouvrier marque les peaux qu'il a remaillées, pour les faire reconnoître & se rendre responsable des défauts qu'il pourroit y avoir commis : cet usage ne vient que de la difficulté du remaillage.

40. Les chevres de montagne sont plus difficiles à remailler que les autres ; elles sont plus vives, c'est-à-dire, plus difficiles à attendrir dans l'échauffe ; l'épiderme y est plus adhérent. Par la même raison, toute autre peau qui n'a pas été assez travaillée dans le moulin, ou qui n'a pas assez fermenté dans l'échauffe, donne de la peine au Remailleur : il faut que les peaux aillent bien, pour en remailler deux douzaines par jour.

DÉGRAISSER LES PEAUX.

41. On a ôté à une peau sa graisse naturelle, qui pouvoit la corrompre en tournant à la putréfaction ; on y a substitué de l'huile, qui a rendu le tissu plus souple & plus doux, & qui a aidé à la fermentation dont on avoit besoin ; il s'agit actuellement d'enlever le superflu de cette huile artificielle, qui rendroit une peau mal-propre dans l'usage.

La Chymie nous apprend, que les sels alkalis combinés avec les matieres huileuses, forment des substances savoneuses qui se dissolvent dans l'eau : le savon dont on se sert tous les jours, n'est fait qu'avec de la graisse & des cendres communes.

Le même moyen sert à dégraisser le Chamois ; on fait une lessive avec des cendres communes, sur lesquelles on verse de l'eau ; cette eau dissout & emporte avec elle les sels contenus dans la cendre ; on trempe les peaux dans cette lessive ; on les tord pour en exprimer la lessive unie avec l'huile, c'est-à-dire, l'espece de savon qu'on a formé ; & on les lave ensuite pour dissoudre & enlever encore mieux cette matiere savoneuse, qui est inutile à la peau.

42. Dans les Provinces, on ne dégraisse qu'avec de la cendre ordinaire ; le meilleur bois & celui qui n'a point été floté ni délavé, donne la meilleure cendre ; on en emploie six à sept boisseaux, pour vingt-cinq douzaines de peaux de mouton (*) ; on met ces cendres dans un cuvier, sur des fagots & de la paille couverte d'un drap ; on verse de l'eau dessus : si l'on fait la lessive à froid, on est obligé de faire repasser l'eau plusieurs fois sur les cendres ; si c'est avec de l'eau chaude, on n'a pas besoin de couler plusieurs fois.

Si l'on n'a que des boucs ou des chevres à passer, on n'a pas besoin de faire la lessive si forte, parce que le remaillage, qui précede le dégraissage, décharge beaucoup d'huile.

43. A Paris, on emploie de la potasse au lieu des cendres communes ; nous en parlerons plus bas, il suffit de dire ici que c'est un sel âcre que l'on reçoit du Nord par la Hollande ; vingt-cinq livres de potasse fondues dans l'eau, suffisent pour dégraisser vingt-cinq douzaines de peaux de mouton.

(*) Le Boisseau de Paris est une mesure de Blé, qui pese 20 livres ; il a 10 pouces de diametre, sur 8 pouces 2 lignes $\frac{1}{2}$ de hauteur.

On emploie aussi quelquefois les *cendres gravelées* ; on verra plus bas que c'est aussi un sel âcre extrait par le moyen du feu de la lie-de-vin, qui fournit une grande quantité d'alkali fixe, de même nature que celui du tartre ; l'on en fait un usage fréquent dans les Arts, & sur-tout dans la Teinture : il faut une livre de cendres gravelées, pour une douzaine de peaux de bouc.

44. Pour avoir la premiere huile, qu'on appelle aussi *le molo*, on tord à gras, c'est-à-dire, qu'on ne se sert pas d'abord de la lessive, mais du *lavage*, qui est un dégras, tiré auparavant d'un autre dégraissage : le molo se mêle ensuite avec le dégras, quand il est cuit.

Pour exprimer cette premiere huile, on se sert de la bille de bois, qui n'est qu'un morceau de bois ou un petit bâton cambré, c'est-à-dire, un peu courbé par le moyen du feu, on l'appelle aussi *torsoir*.

45. Pour dégraisser, il faut faire chauffer la lessive de maniere à pouvoir y tenir la main sans douleur : si elle est trop chaude, on y met de l'eau fraîche ; car autrement elle brûleroit l'ouvrage.

Les peaux que l'on veut dégraisser, soit qu'elles sortent du moulin, soit qu'elles aient été gardées, se jettent dans la lessive pour y tremper l'espace d'une heure plus ou moins, & on les remue à force de bras. Les premieres qu'on retire de la lessive, sont aussi celles qui y séjournent le moins ; mais comme la lessive se refroidit peu-à-peu pendant l'opération, on ne craint pas que les peaux qui sont dans le fond, soient brûlées ; il arrive même souvent qu'elles sont plus difficiles à dégraisser que les autres, si le refroidissement a été trop considérable.

On retire trois à quatre peaux de cette lessive, pour les dégraisser & les tordre avec la bille ; ce travail est exactement semblable à celui que nous avons décrit, Art. 16. en parlant des peaux qui sortoient du Confit, & que l'on tordoit, avec la bille, pour en exprimer l'eau avant de les porter au moulin.

46. On trempe & on tord les peaux, deux, trois & jusqu'à quatre fois, souvent même davantage ; quand l'Ouvrier ne tord que quatre fois, il n'a pas coutume de se plaindre ; l'eau qu'on exprime la derniere fois, contient très-peu d'huile ; on l'appelle *le lavage*, & l'on appelle *molo* la premiere huile qui s'exprime d'une peau, avant qu'on l'ait trempée dans la lessive, & lorsqu'on la trempe seulement dans le lavage, Art. 44.

47. Un dégraissage est ordinairement de vingt-cinq douzaines : c'est la journée de trois Ouvriers ; on partage le total en deux ou trois parties, c'est-à-dire, qu'on met tremper huit douzaines de peaux, que l'on tord à mesure qu'on les tire de la lessive ; & quand elles sont dégraissées, on en met huit autres douzaines à tremper.

Les

Les peaux de boucs n'exigent pas une lessive si forte que les moutons, parce que le remaillage décharge beaucoup d'huile, au lieu que les moutons n'étant pas remaillés, & contenant encore toute l'huile qu'ils ont prise, il faut plus d'alkali pour l'emporter : les Chamoiseurs font la lessive de la même maniere pour les boucs & pour les moutons ; mais ils y mettent plus d'eau quand il s'agit des boucs.

48. Lorsqu'une peau est trop peu avancée dans le moulin, quand elle retient trop l'huile, quand la lessive est trop froide, quand les cendres sont d'une mauvaise qualité, le dégraissage devient fort difficile ; certains Ouvriers s'imaginent que la lessive est tournée ; ils l'attribuent à un coup de tonnerre, à la présence d'une femme, ou à quelque autre cause aussi vaine, dont nous ne parlerions point, si ce n'étoit pour en faire observer le ridicule. La lessive que l'on fait à froid dans certains pays, est sujette à s'affoiblir & à se gâter, parce qu'elle exige trop de tems pour se faire : mais la lessive chaude n'est pas sujette à se corrompre, parce qu'on l'emploie sur le champ.

Quand des Marchands infidèles mêlent des huiles végétales, telles que l'huile d'olive, de noix, de navette ou autres semences pareilles, ces huiles végétales n'étant pas également miscibles avec les alkalis, le dégraissage devient fort difficile ; on croit que la peau est dégraissée, & il arrive ensuite que la chaleur la fait reparoître, & que les peaux poussent de la graisse, suivant le langage des Marchands.

Un dégraissage de vingt-cinq douzaines de moutons, demande environ vingt livres de cendres gravelées, ou bien vingt-quatre livres de potasse, ou enfin quarante livres de soude.

49. Les cendres gravelées se tirent de la lie-de-vin brûlée ; on en fait dans presque tous les vignobles, principalement dans la Champagne & l'Orléanois ; elles se dissolvent difficilement dans l'eau ; il faut les casser, les remuer ; & le sédiment qu'elles laissent, peut former une seconde lessive en y versant de l'eau, & même encore une troisieme : les cendres gravelées coûtent de 22 à 36 livres le cent, suivant que les vins ont été plus ou moins abondants.

La potasse est un alkali tiré des cendres du bois ; on en fait dans l'Allemagne, & sur-tout dans le Nord ; elle se dissout entiérement dans l'eau sans laisser aucun sédiment, & sans augmenter sensiblement le volume de l'eau, ce qui prouve l'union la plus intime & la plus parfaite compénétration ; elle est plus amie de la peau ; elle réussit mieux que la soude & les cendres gravelées ; elle coute de 25 à 40 livres le cent : il y a de la potasse blanche, qui vaut jusqu'à 60 livres, & qui est plus forte ; mais elle est moins bonne que la potasse rouge ou brune, qui est la plus usitée.

La *soude* est un sel alkali tiré d'une plante de même nom : nous la tirons d'Espagne, & sur-tout d'Alicante ; elle coûte 15 à 20 livres le cent ; elle doit être bien tirée à clair, sans quoi le sédiment terreux qu'elle laisse au fond du vase gâteroit la peau.

Voici une expérience que le hasard fit faire à M. Rigaud, & qui prouve combien la mauvaise qualité des huiles peut faire tort au Chamois, & combien certaines huiles ont de peine à s'unir avec la peau.

Des veaux à fleur avoient reçu en premier & en second, une huile de très-bonne qualité ; la troisieme & la quatrieme furent données en mauvaise huile de poisson, & ils furent achevés avec de bonne huile ; on remailla les peaux, & elles ne bronchoient pas sous le couteau : elles ne donnerent aucune marque de mauvais apprêt ; dans les deux premiers tordages, elles se maintinrent encore ; sur la fin elles tomberent en tripe : elles se déchiroient comme des peaux brûlées. M. Rigaud suspendit l'opération, & prit le reste de ces peaux pour faire une autre épreuve ; il les fit tordre à gras immédiatement après le remaillage, remettre au foulon avec des peaux vertes, c'est-à-dire, qui ne faisoient que commencer ; elles y reçurent les mêmes façons ; elles se trouverent ensuite d'un très-bon apprêt ; le tordage à gras avoit exprimé du cœur de la peau la mauvaise huile, ou cette huile *surge*, c'est-à-dire, celle qui ne *glapit* pas la peau : on appelle huile *glape*, celle qui est la plus grasse, la meilleure, la plus tenace dans la peau, & qui s'exprime difficilement ; l'huile *surge* au contraire, est celle qui s'en exprime difficilement, qui a peu d'affinité avec la peau, & ne peut s'unir intimement avec elle.

50. L'huile qui a été retirée par le Chamoiseur au moyen de la lessive dont nous avons parlé, forme ce qu'on appelle *Dégras:* on le ramasse avec soin ; on le fait bouillir pour évaporer la partie aqueuse de la lessive, & on le vend aux Corroyeurs pour mettre en huile les cuirs de vaches ou de veaux, auxquels on veut donner de la souplesse.

L'huile qu'emploie le Chamoiseur, rend la même quantité de dégras, c'est-à-dire, un poids égal, & le dégras vaut un quart de plus que l'huile elle-même ; le Chamoiseur achete son huile quarante-huit ou cinquante livres le quintal, & vend le dégras plus de soixante livres, sur-tout depuis la guerre de 1756, qui en rendant l'huile plus rare, a étendu l'usage du dégras.

Les Chamoiseurs, sur-tout ceux des Provinces, jettoient autrefois ce dégras comme une matiere inutile ; il n'y a pas cinquante ans que les Corroyeurs ont appris à s'en servir, & ils s'en trouvent très-bien, le dégras nourrit mieux que l'huile, & donne plus de douceur au cuir ; il est vrai que c'est une matiere savonneuse, comme nous l'avons fait remarquer, mais dans laquelle l'huile domine ; ensorte que l'eau ne peut pas la dissoudre & l'emporter, ce qui feroit un très-grand inconvénient pour l'usage du cuir que l'on met en dégras.

51. On se sert, pour faire cuire le dégras, d'une chaudiere de cuivre en forme de timbale, qui a quatre pieds & demi de large, sur trois pieds de profondeur; elle est soutenue en trois points de sa circonférence par de gros boulons de fer qui passent au travers de la maçonnerie: on met le bois & le feu dessous cette chaudiere par une porte qui donne au-dehors de l'Attelier.

Au-dessus de la chaudiere est une poulie qui sert à faire descendre un pot ou espece de marmite de terre jusqu'au fond de la chaudiere; les ordures, les parties étrangeres que le remaillage a laissées dans le dégras étant promenées par le mouvement de l'ébullition & rejettées vers le milieu de la chaudiere, elles se précipitent peu à peu dans cette marmite de terre, que l'on retire de tems à autres pour la vuider.

52. Le cuisage du dégras dure vingt-quatre heures, pendant lesquelles il faut entretenir sous la chaudiere un feu continuel; cette cuisson fait évaporer ordinairement les deux tiers de la chaudiere, parce que l'eau de la lessive est à peu-près double de la quantité d'huile qui sort des peaux par le dégraissage; mais lorsque le dégraissage a été difficile, & qu'il a fallu tremper plusieurs fois, il entre plus de lessive, & la chaudiere du dégras diminue de plus des deux tiers.

Malgré cette longue cuisson, l'eau n'est pas encore toute évaporée, quand on retire le dégras de dedans la chaudiere; mais elle en est assez séparée, pour pouvoir s'écouler ensuite naturellement quand le dégras se refroidit, & qu'on le transvase après l'avoir fait reposer.

On retire ordinairement deux cents ou deux cents vingt livres de dégras, pour quatre cents livres d'huile qu'on aura employées; mais il faut faire entrer en compte au moins cinquante fagots, qui sont nécessaires pour la cuisson, & qui coûtent deux sols & demi chacun aux environs de Paris.

Les Corroyeurs se plaignent beaucoup, lorsque le dégras retient encore de l'eau, parce que les parties aqueuses entrent facilement dans le cuir, & alors l'huile demeure à la surface.

53. Le débouilli de l'huile qui a servi à faire le Chamois, répand une odeur désagréable & pénétrante; cette huile infectée par les parties animales de la peau, pourroit être dangereuse pour la santé; cette considération obligea plusieurs Habitans de *Beauvais*, d'assigner les Mégissiers & Chamoiseurs devant les Juges de Police, pour voir ordonner qu'ils seroient tenus de faire cette opération hors de la Ville. Les Juges ordonnerent, avant faire droit, un avis de Médecins; & les Chamoiseurs appellerent de cette Ordonnance au Parlement. L'affaire étoit indécise, lorsque la Ville de Beauvais s'étant trouvée attaquée d'une espece de maladie épidémique, qui donna lieu à plusieurs autres Ordonnances de Police, telles que le nettoiement des rues, l'enlévement des

boues sur le revers des canaux, la défense d'élever des pigeons & des lapins, &c. dans le dessein de diminuer les causes de la corruption de l'air; alors on se pourvut au Conseil, exposant qu'il conviendroit du moins, par provision, & en attendant la décision du procès, d'ordonner que les Chamoiseurs seroient tenus de faire hors de la Ville, le débouilli de l'huile qui auroit servi à faire le Chamois. M. Boyer, Médecin du Roi, & de la Généralité de Paris, fut requis de donner son avis; il estima convenable de défendre cette opération dans la Ville, & d'ordonner qu'on la feroit au-dessous de la Ville le long de la riviere; d'autant plus que cette opération, en quelque façon étrangere à la Chamoiserie, n'avoit pour objet que de tirer un profit de l'huile qui avoit servi à imbiber les peaux; sur quoi il intervint le 9 Juillet 1750, un Arrêt du Conseil, qui portoit *défenses de faire dans l'intérieur de la Ville le débouilli de l'huile, à peine de 500 livres d'amende pour la premiere fois contre les contrevenans, & de plus grande peine en cas de récidive; le tout pendant l'espace de six mois provisoirement, sans préjudice au droit des Parties, & de l'instance pendante pour raison de ce au Parlement de Paris.*

54. Après avoir dégraissé les peaux, on les secoue fortement, & on les met à l'étendage pour y sécher; quand elles sont seches, on les ramasse.

On peut les ramasser dès le lendemain, si c'est en été: en hyver, il n'y a point de terme; il faut quelquefois jusqu'à trois semaines & davantage: car on ne doit point les ramasser qu'elles ne soient parfaitement seches, à moins qu'on ne veuille achever de les faire sécher dans l'étuve, lorsqu'on est pressé d'ouvrage, comme on l'a vû, Art. 30.

Il y a des Provinces où l'on donne une couleur jaune au Chamois, en mêlant dans le lavage de l'Ocre, qui est une terre jaune usitée dans la peinture; mais il est évident que cette substance terreuse rend la peau plus dure, lui ôte le moëlleux qui en fait le mérite.

55. Lorsqu'une peau est bien dégraissée & bien séchée, elle se trouve un peu dure & racornie; il ne s'agit plus que de la passer sur le palisson pour l'*ouvrir*, c'est-à-dire, remédier à cette crispation & à ce racornissement qu'elle reçoit, en se mouillant & se séchant ensuite.

Il suffit d'ouvrir d'un côté, & il est indifférent lequel on choisisse: les uns ouvrent de chair, les autres ouvrent de fleur; on donne un long & un large; on passe légérement les endroits clairs ou foibles; on insiste davantage sur les parties les plus épaisses ou les plus racornies: on peut ouvrir vingt douzaines de peaux par jour.

56. Quand les peaux sont dures, & qu'on a lieu de craindre que le pesson ne les coupe ou ne les casse, on commence par les adoucir en les passant dans la herse; c'est une espece de boucle de fer fixée à un pilier inébranlable, à la hauteur de cinq pieds, sillonnée comme une colonne torse, dont les filets servent,

fervent, par leur frottement, à labourer, à étendre, à affouplir la peau, pour la préparer au travail du peffon; on voit la herfe dans la *Planche I.* marquée de deux étoiles; elle eft placée fur un des montants du paroir: pour fimplifier, il vaut encore mieux la placer féparément, fur un pilier qui ait plus de ftabilité que les montants du paroir. C'eft fur-tout pour les peaux teintes & chez les Peauffiers, que l'on fe fert de la herfe à la place du peffon.

Il y a des peaux qui ont été mal foulées dans le moulin, qui font encore dures, & qu'on eft obligé de fouler fur une claie, à la maniere des Corroyeurs.

57. Après avoir ouvert les peaux fur le paliffon, & leur avoir rendu par-là leur étendue & leur foupleffe naturelle, il faut les parer à la lunette, c'eft-à-dire, leur donner le luftre, l'égalité, l'uniformité, qui en fait l'agrément. Pour cela, on fe fert du *paroir*, qui n'eft autre chofe qu'une perche tendue horifontalement à cinq pieds de hauteur, & foutenue par deux montants: on en voit la *Figure* en K & en *M*, au bas de la *Planche I.*

On étend la peau fur le paroir, & pour l'y faire tenir, on met par-deffus deux crochets de bois chargés chacun d'un poids, tel qu'une pierre qui peut pefer huit à dix livres.

Quelquefois pour fuppléer aux crochets, on fe fert d'une corde tendue horifontalement le long de la traverfe du paroir & au-deffous; on tend la peau fur cette corde; on la releve en la repaffant par-deffous & par derriere le paroir; on la ramene en avant & par-deffus; alors, la corde étant ferrée dans la peau, applique cette peau fur la traverfe du paroir, & la peau eft retenue par un double frottement qui tient lieu des crochets & des poids; car la corde étant paffée dans la duplicature de la peau, un des bouts de la peau ferré entre la corde & la traverfe du paroir, la principale partie de la peau pendante en avant, contribue à appliquer encore plus la corde fur la traverfe, & d'autant plus fortement que le Pareur tirera davantage.

58. Le bouc doit être paré des deux côtés, mais légérement, & feulement pour le luftre: le mouton ne fe pare que de chair; car la fleur s'écorcheroit, fi l'on y paffoit la lunette.

On peut parer huit douzaines par jour, fi les peaux font bonnes.

On pare à la lunette le mouton & le veau de chair feulement; car le remaillage difpenfe de parer du côté de fleur: la chevre & le bouc n'ont befoin que d'un coup de lunette de fleur feulement pour la propreté; & fi l'on vouloit, on pourroit s'en paffer.

59. Après avoir ouvert & paré, il faut encore redreffer fur le peffon, donner un long & un large, pour effacer les plis que la lunette a pû laiffer à la peau, pour la rendre droite & en coucher le poil ou la frife. C'eft alors qu'on étend les peaux fur un tonneau en piles de vingt douzaines chacune; on fépare les

grandes, les secondes, les petites; on les met ensuite en douzaines, parce que l'usage ordinaire du commerce est de vendre le Chamois par douzaine; ordinairement on met à chaque douzaine, d'abord deux grandes peaux, ensuite deux secondes, quatre petites au milieu, ensuite deux secondes, & on recouvre le tout de deux grandes peaux: c'est ainsi qu'on fait passer le médiocre avec le beau.

On repasse enfin sur le pesson, pour donner un coup d'œil à la peau, lorsqu'on veut la vendre. Dans l'usage du Chamois, on met en dehors la fleur des boucs & des cerfs, au lieu que pour les peaux de mouton, c'est la chair qui fait l'endroit de l'ouvrage, & la partie la plus belle de la peau.

TRAVAIL DES BUFFLES.

60. La Guinée ou le Buffle est un cuir de bœuf ou de vache passé en huile, suivant la méthode des Chamoiseurs; ensorte qu'il ait la force & la souplesse nécessaire pour équiper la Cavalerie, & pour d'autres usages semblables.

Le grand Colbert ayant trouvé que cette sorte de fabrication manquoit à la France, y attira M. *la Haye* de Hollande & ensuite M. *Jabac* de Cologne, qui fit à Corbeil un établissement considérable, & dont le privilége exclusif a subsisté long-tems, après lui, entre les mains de Madame Fremin, de Madame Montois & de M. Tassin, qui étoit Propriétaire du privilége & de la Maison de Corbeil. Cette Manufacture avoit encore, il n'y a pas long-tems, la principale part au commerce des buffles; cependant, on en fait depuis quelques années à Paris, à Etampes, à Pont-Sainte-Maixence & ailleurs: le Propriétaire de la Manufacture de Corbeil ayant été obligé, par une des clauses de son privilége, de former des éleves qui seroient pris dans l'Hôpital des Enfans Bleus.

61. Le nom de *Buffle* est venu d'un animal qui sert au labourage. Il est commun en Asie, & même en Italie; il est plus grand que le bœuf; sa peau est beaucoup plus dure; ses cornes sont noires, fortes & contournées: on croit que c'est le *Bubalus* des Anciens.

Quoiqu'on ne travaille que fort rarement des peaux de vrai buffle, parce qu'elles sont trop dures & trop difficiles à avoir, on donne cependant toujours ce nom aux grandes peaux de bœuf ou de vache, dont on fait les gros ceinturons & les baudriers; c'est pour nous une branche de commerce au Levant & en Afrique; ce qui lui a fait donner le nom de *Guinée*.

62. Dans le tems que la Manufacture de Corbeil fournissoit de buffles toute la Cavalerie de France, & en exportoit même chez l'étranger, on mettoit dans les moulins six cents buffles par semaine. Mais les Propriétaires de cette Manufacture ayant été obligés de faire des Eleves, & leur privilége ayant été

restraint peu-à-peu & successivement, il s'est formé des Manufactures de buffles en divers endroits du Royaume.

Nous avons dit (27) à l'occasion du moulin des Chamoiseurs, que la conduite du moulin est la partie essentielle & difficile du Chamois; le Moulinier est celui sur lequel roule toute la fortune du Propriétaire : il faut du talent pour remplir avec succès cette importante commission; & il en est peu qui ne fassent des pertes. La Manufacture de Corbeil se souvient encore d'un Moulinier habile, nommé *Guichenon*; il étoit de Bourg en Bresse, & de la famille du célèbre Historiographe de France & de Savoye, dont il est parlé dans le Dictionnaire de Bayle, article GUICHENON; il a conduit seul, pendant plusieurs années, la partie essentielle de cette grande Manufacture; il avoit pour cela un talent naturel, mais extraordinaire; & depuis quelques années qu'il est mort, ce bel établissement n'a presque fait que décheoir.

63. Le buffle exige les mêmes travaux que le mouton passé en Chamois; mais les opérations sont plus longues, & les dépenses plus considérables. Le buffle exige, par exemple, deux, trois & quatre mois de plein; il a besoin d'être foulé trois ou quatre fois plus long-tems; il lui faut cinq à six huiles, & au moins trois quarts-d'heure d'évent à chaque huile; ensorte qu'un buffle prend environ dix à douze livres d'huile.

Au reste, les variétés sont si grandes dans ces sortes de travaux, que souvent un buffle qui sera d'une bonne qualité, sera aussi-tôt foulé qu'un mouton, dont le tissu se trouvera trop serré, & le nerf trop dur.

Pour conduire & entretenir un moulin de six piles, tel qu'étoit celui de Corbeil, qui peut fournir aisément trois cents buffles par semaine, quand le plamage va bien, il faut une douzaine d'Ouvriers; car on se met trois ou quatre ensemble, pour conduire une partie.

64. Les cuirs de bœuf qui doivent être passés en Chamois, au sortir de la Boucherie, doivent être jettés dans l'eau pour se laver.

On les met ensuite dans un plein-mort pour vingt-quatre heures, afin de les préparer à l'action d'une chaux plus forte; cette précaution est nécessaire, & si l'on n'avoit pas de plein-mort, on gâteroit exprès un plein-neuf, en y jettant de l'eau corrompue par des peaux qui y auroient trempé.

Après les avoir laissé égouter au sortir de ce plein-mort, on les jette dans un plein un peu plus fort, pour faire tomber le poil; celui-ci exige environ quinze jours; & pendant cet espace de tems, on les releve & on les abat quatre fois.

On pele les cuirs avec le couteau de riviere, qui est un couteau concave qui ne coupe presque pas, ou dont on ôteroit le fil tout exprès, si l'on n'avoit que de bons couteaux à effleurer: c'est à peu-près la même chose que la maniere de débourrer les veaux, dont nous avons parlé dans l'Art du Parcheminier.

Les cuirs étant pelés se jettent dans un plein de relavage, c'est-à-dire, un plein déja fort affoibli, qui ne sert qu'à les rincer; ils y restent vingt-quatre heures; & de-là, ils passent dans un plein un peu plus fort; puis dans un plus fort encore; & enfin dans un plein neuf: le tout pendant six semaines; on releve & on rabat les cuirs dans le plein tous les deux jours, quelquefois même tous les jours.

65. Un muid de chaux à Paris, est de quarante-huit pieds cubes, qu'on appelle aussi *quarante-huit minots*, & se divise en douze septiers; c'est la charge d'une voiture à trois chevaux; elle coûte de 45 à 52 livres le muid; un muid de chaux peut faire trois pleins neufs de cinquante cuirs chacun; il sert même quatre ou cinq fois comme plein neuf; car pendant l'espace de quinze jours, il a encore assez de force; on doit observer de laisser reposer & bouillir la chaux pendant deux jours, & de bien *bouler*, c'est-à-dire, remuer avec le bouloir avant d'y mettre les cuirs. Voyez *l'Art du Parcheminier*.

Les pleins s'usent & perdent de leur force, même en ne faisant rien, parce que l'eau dissout, lave & émousse les parties actives de la chaux; il est nécessaire de relever souvent les cuirs de dedans le plein; plus on la *grouille*, disent les Ouvriers, plus la peau avance; en hyver elle plame dans le plein; en été elle plame dessus, c'est-à-dire, qu'en été la chaleur de l'air agit davantage quand le cuir est en retraite, que lorsqu'il est dans le plein.

En hyver, l'opération des pleins est plus difficile & plus longue; il faut jusqu'à quatre mois de plein, au lieu que deux mois & demi suffisent en été: on peut finir totalement un buffle en trois mois dans la belle saison; il en faut cinq en hyver.

Les buffles ne se travaillent point de riviere: au sortir de la chaux, on les rince, on les écharne, on les effleure, & tout de suite on les met au moulin sans les tordre. Quelquefois avant de les mettre au moulin, on les étend pour une heure ou deux, pour les ressuyer un peu; après le premier foulage, on leur donne un vent blanc; mais comme le vent resserre la peau, & que l'huile auroit peine à pénétrer, on remet le cuir dans le foulon avant de lui donner la premiere huile.

66. Pour effleurer les buffles, on s'y prend tout de même que pour le mouton, Art. 11. avec la différence qu'on ne peut guères effleurer que dix buffles par jour; encore faut-il qu'ils soient bien plamés.

Aux extrémités du buffle, vers les pates de devant, la tête & les flancs, la fleur est tenace, ne peut s'enlever avec le couteau d'effleurage; on enleve la fleur de la tête avec le *couteau à revers*, qui est droit & tranchant, mais dont le fil est rabattu, (nous en parlerons dans l'Art du Tanneur); la fleur des autres

extrémités

extrémités ne s'enleve qu'au remaillage ; alors elle est devenue plus souple, plus facile à enlever.

Les gros cuirs se passent de confit ; le Foulon y supplée & les abat suffisamment, sans qu'on craigne qu'elles ne s'y gâtent, comme cela arrive aux menues peaux.

La maniere de donner l'huile au buffle ne differe pas de celle qu'on a vûe, Art. 18. On se sert ici d'un balai de bouleau, que l'on trempe dans l'huile, & que l'on secoue sur le cuir étendu.

Chaque cuir prend environ six livres d'huile, en cinq ou six reprises ; plus l'huile est bonne, moins elle dépense : nous avons vû les qualités qu'elle doit avoir (32) ; on préfere pour le buffle la plus âcre, celle qui, en approchant les yeux, y paroît la plus piquante.

On donne pour l'ordinaire deux vents sur une huile, c'est-à-dire, que les cuirs vont au moulin & à l'étendage deux fois à chaque huile qu'on leur donne ; ils sont à l'étendage deux, trois & quatre heures, suivant le tems & le besoin, & trois, cinq, sept heures même dans le moulin ; plus ils approchent de leur fin, plus on les laisse long-tems dans le moulin. Les buffles craignent, aussi-bien que le Chamois ordinaire, d'être brûlés par le soleil, ou surpris par le grand air.

Quand les buffles ont reçu une partie de leur vent, on reploie les ventres l'un sur l'autre pour les empêcher de sur-sécher, parce que les ventres étant plus minces & plus tendres seroient plutôt surpris.

Moulin pour les Buffles.

67. Nous avons donné ci-dessus, Art. 19. la description du Moulin d'un Chamoiseur ordinaire ; celui qui sert pour le buffle, n'en differe que par des dimensions plus fortes : cependant, comme celui qu'on emploie depuis long-tems à Corbeil, & dont la bonté est éprouvée, est un des plus beaux qu'il y ait, nous allons en donner ici une courte description.

La *Planche IV*, contient le profil, l'élévation & le plan du Moulin ; on voit dans la *Figure* 11, la largeur seulement qui a sept pieds quatre pouces dans-œuvre entre les deux montants, & neuf pieds quatre pouces en comptant l'épaisseur des montants de la cage. La hauteur du bâtis est de treize pieds, depuis le sol jusqu'au point G. Les pilons sont suspendus en G, par le moyen d'un coin de bois qui traverse le manche, & s'appuie sur deux especes de plate-formes de bois ; comme le mouvement de ces pilons ne se fait pas avec une grande vîtesse, on ne met pas un plus grand art dans leur suspension.

On voit en *B* la coupe verticale d'une des piles, dont la culasse est creusée dans un fort madrier de chêne, capable de résister à la chûte des marteaux : cet arbre des piles a deux pieds d'équarriſſage ; pour former le reſte de la pile ou de la coupe , on ajuſte des planches *a*, de trois pieds & demi , qui ſont de niveau avec le fond de la coupe , & qui en font le prolongement ; mais cette partie n'ayant à ſoutenir que le poids des cuirs, ſans recevoir l'effort des pilons, n'a pas beſoin d'une bien grande force.

Les pilons ſont fixés chacun à l'extrémité d'un manche, qui a ſept pieds quatre pouces de long, depuis la ſuſpenſion G, juſqu'à l'entrée dans la tête du pilon ; cette tête a dix-huit pouces d'épaiſſeur, quatorze pouces de largeur, & ſept pieds huit pouces de longueur ; le manche qui paſſe au travers de la tête du marteau, s'y prolonge encore de dix-huit pouces pour former la queue du marteau, qui eſt élevée par les mentonets de l'arbre tournant C, qui ont vingt-un pouces de ſaillie. Les queues des marteaux, ſont fortifiées par des coins qui entrent de force dans la tête du marteau , & ils ſont garnis à leur extrémité par des ſemelles de bois, qui ont encore trois pouces de ſaillie.

68. La partie intérieure des marteaux , eſt dentée de bas en haut , comme par échelons, pour ſaiſir les buffles par-deſſous, & les faire ſans ceſſe tourner dans la pile : par-là, toutes les parties du cuir ſont foulées à leur tour. Ces dents ont huit, ſix & cinq pouces de largeur, quatre & demi ou cinq pouces de profondeur, & ſont taillées en queue d'aronde, c'eſt-à-dire , un peu rentrées vers la tête du maillet, pour ſaiſir mieux la peau ; la premiere dent eſt éloignée du manche de quatorze pouces, & la derniere dent en eſt éloignée de trois pieds & demi. Les piles ont deux pieds cinq pouces de large, deux pieds de hauteur, trois pieds & demi de longueur par en bas; elles contiennent chacune quinze peaux : il y a un pouce de jeu à chaque côté, entre le maillet & la pile.

Les pilons peſent environ ſept cents livres ; car, ſuivant les dimenſions ci-deſſus, il y a bien douze pieds cubes de bois de chêne ; & le bois de chêne peſe au moins ſoixante livres le pied cube, ce qui fait ſept cents vingt livres.

On voit en *D* une roue de cinq pieds de diametre, ſur laquelle paſſe une corde ſans fin, qui la fait tourner à volonté. Sur l'arbre de cette roue, s'enveloppe une corde *E*, terminée par une boucle pour ſaiſir par le crochet *f*, la tête du pilon : cette corde *E* ſert à deux marteaux. Quand on veut élever le pilon pour le mettre hors de priſe, une ſeconde corde *F*, fixée par ſon extrémité ſupérieure vis-à-vis de chaque marteau, prend un ſecond crochet de la tête du pilon, & le retient ſuſpendu, de maniere que le reſte du moulin puiſſe marcher ſans empêcher de ſervir une des coupes. Chaque roue, comme celle qui eſt repréſentée en *D*, *Fig.* 11 *&* 12, ſert pour deux piles, & ſon arbre a environ huit pieds de long, pour s'étendre à quatre pilons.

Lorſque les pilons ſont en repos, la tête eſt dans une ſituation horiſontale, appuyée contre le fond des piles ; mais les manches des pilons ſont éloignés par en bas de deux pieds & demi de la perpendiculaire, abaiſſée du point de ſuſpenſion, à l'endroit où ils entrent dans la tête des pilons; c'eſt-à-dire, qu'ils font avec la verticale un angle de vingt degrés: mais lorſqu'ils ſont élevés par les mentonets de l'arbre tournant, prêts à échapper & à retomber dans la coupe, ils ſont éloignés de cinq pieds de la perpendiculaire, & font un angle de quarante-trois degrés avec la ligne d'à-plomb, puiſque le rayon du cercle qu'ils décrivent a ſept pieds quatre pouces de longueur.

69. L'élévation du moulin qui eſt dans la *Fig.* 12, fait voir ſur ſa longueur l'arbre *HH*, dont la longueur totale eſt de trente-huit pieds; il eſt ſoutenu non-ſeulement par ſes extrémités, mais encore vers ſon milieu, par un poallier qu'on a ſoin de dégraiſſer tous les quinze jours, qui empêche l'arbre de plier. Cet arbre a deux pieds de diametre, & porte vingt-quatre mentonets de vingt ou vingt-un pouces chacun, pour lever les queues des marteaux; ces mentonets ſont diſpoſés en ſpirale autour de l'arbre, de maniere qu'il n'y en ait jamais que deux qui levent à la fois, & que l'un commence à ſe charger un peu avant que l'autre échappe. Le premier maillet marche avec le ſixieme, le ſecond avec le ſeptieme, &c. Par ce moyen, chaque tour de la roue fait lever les douze maillets, quoique l'arbre ne ſoit jamais chargé que de deux maillets à la fois, & la charge eſt toujours diviſée ſur deux points de l'arbre fort éloignés l'un de l'autre.

70. La grande roue à aubes repréſentée en *I*, a dix-huit pieds de diametre, ſçavoir, deux pieds ſix pouces pour le quarré où elle eſt enarbrée, ſix pieds pour les rayons, ſix pouces pour l'épaiſſeur de ſa circonférence, & quinze pouces pour les aubes; elle tourne dans une courſiere, où l'on oblige toute l'eau de paſſer quand on a beſoin; à côté de la roue, eſt une ſéparation *O*; de l'autre côté une ſeconde courſiere, qu'on ouvre pour la décharge des eaux, lorſqu'on veut arrêter le moulin: elle a environ trois pieds de large.

La largeur totale du bâtis du moulin, eſt de vingt-quatre pieds, y compris celle des trois eſcaliers *MM*, qu'on pourroit peut-être ſupprimer, ſi l'on étoit gêné par l'eſpace. La hauteur totale de la charpente, eſt d'environ dix-huit pieds, en comptant juſqu'au petit moulinet, qui ſert à élever les marteaux pour les réparer, & les ſortir de leur ſuſpenſion.

71. On avoit fait à Corbeil un autre moulin, dont les marteaux deſcendoient verticalement dans les piles: ce moulin fouloit mieux & plus vîte; mais les peaux n'y étoient pas retournées & aſſujetties en place, comme dans le moulin que nous venons de décrire; il falloit garder à vûe ces moulins perpendiculaires, pour faire rentrer les peaux dans la pile à meſure que les pilons les chaſſoient dehors: cet inconvénient a fait revenir le Directeur à la premiere conſtruction.

Il eſt dangereux d'avoir des foulons trop forts, ſur-tout pour la même peau : car cela fait échauffer la peau en tripe ; & quand elle a été ainſi échauffée, elle reſte toujours *nerveuſe*, c'eſt-à-dire, dure, & ne ſe paſſe point à froid ; alors on fait aller le moulin plus lentement, & l'on y laiſſe les peaux moins long-tems.

72. Après que les buffles ont eu la nourriture ſuffiſante, on les porte à l'étuve, où l'on allume un petit feu, comme nous l'avons dit en parlant des petites peaux (34) : mais on ne les met point en pile ; ils pourroient s'y attendrir trop, ſans qu'on eût le tems d'y apporter remede ; ils paſſent chaleur ſur les perches, & il ſuffit pour cela qu'ils ſoient une journée dans l'étuve.

Il y a des tems froids & pluvieux, où l'on eſt obligé de donner deux ou trois étuves pour finir les buffles, ſuppléer au vent & à l'étendage, & leur faire prendre la nourriture par le moyen de cette chaleur artificielle.

Quelquefois, au ſortir de l'étuve, on eſt encore obligé de leur donner un coup de pilon pour les finir, & faire pénétrer l'huile encore mieux : & on les remet dans les coupes.

Pour remailler, il faut faire tremper la peau dans des lavages gras, c'eſt-à-dire, dans la portion de leſſive qui reſte dans le bacquet où l'on a fait tremper les peaux pour les dégraiſſer (45) ; elles y trempent un ou deux jours, & pourroient y reſter huit jours ſans inconvénient ; ſans cette précaution, les peaux retirées & rétrécies par l'échauffe, auroient peine à ſe prêter au couteau du remaillage ; on ne ſçauroit remailler ſans cette précaution.

73. La maniere de dégraiſſer le buffle, eſt un peu différente de celle dont nous avons parlé, Art. 45, pour les peaux de mouton & de bouc ; on ne ſçauroit tordre le buffle avec une bille ou un torſoir ; on y emploie une preſſe dont nous allons donner la deſcription, & qu'on appelle *verrin* ; les gros cuirs ſe dégraiſſent au verrin, & les menus cuirs à la perche. Deux montants *KK*, *Fig.* 6, 8 & 9, *Planche* III. d'environ deux pieds, mais enfoncés profondément dans la terre, avec des traverſes *u*, *Fig.* 9, en forme de potence, ſupportent une preſſe *PML*, formée de deux eſpeces de machoires, l'une *PM* qui eſt fixe, l'autre *PL* qui eſt mobile, par le moyen d'une charniere *P* ; ces deux piéces de la preſſe ont cinq pieds & demi de long, ſur un pied quatre pouces de large, & ſix pouces d'épaiſſeur ; elles ſont ſerrées l'une contre l'autre, lorſqu'on veut les mettre en action, par le moyen d'une vis *R*, qui paſſe librement au travers de la piéce fixe, & qui entre dans un écrou de cuivre, qui a dix-huit lignes de diametre & quatre pouces & demi de long, enchaſſé dans la piéce mobile de la preſſe, qui, par le moyen de cet écrou, eſt tirée vers la piéce dormante. On paſſe encore au travers de ces deux madriers, des boulons de fer *pp*, de deux pieds ou deux pieds & demi, ſur leſquels appuie la peau que l'on veut mettre en preſſe.

On

On voit en *O* le buffle engagé dans la presse ; on passe au travers un levier de bois *N*, que trois hommes tournent avec force, pour exprimer l'huile de la peau. Au-dessous de la presse, on voit un puisard ou bacquet *Q*, *Fig. 6* & *9*, destiné à recevoir ce dégras, que l'on exprime des buffles.

74. On trempe & l'on tord les buffles cinq à six fois, quelquefois davantage, pour qu'ils soient parfaitement dégraissés ; on emploie, du moins à Corbeil, pour la lessive, une chaudiere qui tient onze muids ; on y met jusqu'à cent cuirs, & il faut 50 liv. de potasse à chacune des trois lessives, qu'on est obligé de faire.

Quatre ou cinq hommes qui travaillent tous ensemble à un dégraissage, peuvent dégraisser de soixante à cent cuirs, suivant la difficulté ou la grandeur des cuirs, & la bonté de l'huile.

75. Avant le dégraissage, on remaille les buffles ; l'action est la même que pour les boucs, avec cette différence, qu'au lieu de vingt-quatre boucs, on ne peut remailler que quinze buffles. (37)

Quand on a dégraissé le buffle, on le recoule encore avec la lunette, pour achever d'exprimer l'huile que le levier & la presse n'ont pû emporter ; pour cela, on met la peau sur le paroir, comme on le voit dans la *Planche I* ; & soit avec une lunette qui ne coupe point, & qui est représentée en *R* au bas de la *Planche*, soit avec le fer à pousser que l'on voit en *L*, on appuie fortement sur le buffle pour faire couler l'huile. Voyez *la troisieme action* F *de la Planche I.*

76. Quand les buffles sont à moitié secs, on les met sur le paroir, pour en ôter les plis avec le fer à pousser. Le paroir qui sert aux buffles, exige un peu plus de soin que celui dont nous avons parlé (57), à l'occasion des petites peaux ; la traverse horisontale est dressée avec soin ; on y pratique une rainure sur toute sa longueur dans la partie supérieure ; sur cette traverse fixe, on en place une mobile, qui porte dans sa partie inférieure une languette de même longueur, destinée à entrer dans la rainure de la traverse fixe ; cette traverse mobile est contenue par les deux bouts, dans les coulisses des deux montants du paroir ; quand le buffle est étendu sur le paroir, & qu'il est pris entre la rainure & la languette, on serre avec deux coins la traverse supérieure, de façon que le buffle est serré à demeure : on n'a besoin par-là, ni de poids, ni de cordes, ni de crochets (57).

C'est sur ce paroir, que le buffle doit être poussé & rasé avec un fer, représenté en *L*, qui n'est destiné qu'à ôter la chair, & à rendre le buffle doux & cotoneux : ce qui en fait la beauté. L'action consiste à appuyer le fer perpendiculairement sur le buffle, & le talon contre l'épaule de l'Ouvrier, tandis qu'avec la main il force le fer à descendre, avec violence, sur la surface du buffle, & par-là en emporter le superflu : cela ressemble à la troisieme action *F*, de la *Planche I.*

77. Après que le buffle a été poussé pour en ôter les plis, on l'étend de

nouveau pour qu'il acheve de sécher : il suffit de vingt-quatre heures en été ; ensuite on le *rase* avec le même fer, & de la même maniere, pour lui donner le velouté, comme je viens de le dire ; cela rend la peau aussi propre, que si elle eût été parée à la lunette : le fer à pousser ne coupe presque point ; mais quand il sert à raser, on a soin de l'aiguiser un peu, & de lui donner le fil à toutes les demi-heures, plus ou moins ; on pousse & on rase le buffle des deux côtés ; cet ouvrage est rude & très-difficile à faire ; on ne peut raser que quinze cuirs par jour, encore faut-il qu'ils aient été bien remaillés.

78. Il est presque impossible qu'il n'y ait pas sur toute l'étendue d'un buffle, des endroits qui ont souffert, & qui sont percés ou naturellement, ou par la force du moulin, ou par la négligence des Ouvriers dans quelqu'autre opération ; on fait donc recoudre avec de la soie ou même avec du fil, tous les endroits ouverts ou déchirés : c'est ce qu'on appelle *rentrer*. Des filles à la journée sont ordinairement chargées de ce travail, & on leur donne à Corbeil 2 s. 6 den. par douzaine.

Lorsque les buffles sont poussés, rasés, rentrés, prêts à établir sur le tonneau, on y donne encore un coup de palisson pour les redresser.

79. Les cuirs qui pesoient en verd soixante livres, doivent en donner quinze à seize, lorsqu'ils sont passés en buffle ; il y en a qui vont jusqu'à vingt-deux livres ; on les vend quarante-six sols la livre en tems de paix ; ils vont jusqu'à cinquante depuis la guerre. Leur principal usage est pour les colletins ou vestes de la Cavalerie, les fourniments d'Infanterie, les ceintures d'avre-sacs : on s'en sert aussi quelquefois dans les Villes, pour différentes sortes d'habillements.

La couleur naturelle des peaux passées en huile est d'être jaunes ; lorsqu'on veut avoir des buffles blancs, il suffit de les mouiller & de les exposer au soleil pendant deux ou trois jours, en les arrosant à mesure qu'ils sechent ; on met aussi un peu de blanc d'Espagne dans la derniere eau, pour leur donner plus d'éclat ; on les trempe ensuite dans une eau de lavage*, c'est-à-dire, l'eau qu'on exprime dans la derniere lessive ; on les remet au soleil, le hâle mange la graisse pour la plus grande partie : il n'en reste que ce qui est nécessaire pour redonner un peu d'onctuosité à la surface de la peau.

Une peau en Chamois blanchie à la rosée, a presque la même blancheur ; mais elle est plus douce, & dure beaucoup plus qu'une peau de mégie passée en blanc sans le secours de l'huile : mais aussi elle coûte davantage.

Des différentes sortes de Peaux qu'on travaille en Chamois.

80. De toutes les peaux que l'on tire de France pour travailler en Chamois, celles de boucs sont les plus estimées & les meilleures.

Parmi les peaux qu'on tire de l'Amérique, les daims ſont les plus recherchés ; ils nous viennent principalement du Canada & de la Louiſiane ; les uns ſont *en verd*, c'eſt-à-dire, en poil, & ce ſont les plus recherchés ; les autres ſont *raturés*, c'eſt-à-dire, pelés, mais ſecs comme le parchemin. Il y a des daims *en terre*, qui ſont pelés & adoucis par le moyen d'une terre qui ſe trouve en Amérique ; ils reſſemblent à des peaux de Mégiſſier, c'eſt-à-dire, à des peaux de moutons adoucies par la chaux, la pâte, le confit & le paliſſon. Enfin, il y a des daims en *moëlle* déja paſſés, pour ainſi dire, par les Sauvages, qui y emploient la cervelle du daim, qui les bordent avec des tendons, & qui y mettent enſuite différentes couleurs, pour en faire des meubles à leur uſage.

Le Daim, en latin *Dama*, eſt appellé auſſi, dans Pline, *Platyceros* ; dans Linnæus, *Cervus cornibus ramoſis compreſſis, ſummitatibus palmatis.* C'eſt un animal qui reſſemble au Cerf à pluſieurs égards ; le Daim eſt moins robuſte que le Cerf ; il eſt auſſi plus facile à apprivoiſer ; les Anglois élevent les Daims dans des parcs où ils ſont, pour ainſi dire, à demi-domeſtiques ; il y a des Daims aux environs de Paris, & dans quelques Provinces de France ; il y en a en Eſpagne & en Allemagne ; il y en a auſſi en Amérique, qui peut-être y ont été tranſportés d'Europe ; car il ſemble que ce ſoit un animal des climats tempérés ; il n'y en a point en Ruſſie, & l'on n'en trouve que très-rarement dans les forêts de Suede & des autres pays du Nord. Voyez M. *de Buffon*, Hiſtoire Naturelle, Tome VI.

Il y a des Daims blancs ; il y en a de noirs ; d'autres qui ſont tachés ou rayés de blanc, de noir & de fauve-clair ; tous ont le bois plus applati, & à proportion plus garni d'andouillets, que celui du Cerf ; il eſt auſſi plus courbé en-dedans : il ſe termine par une large & longue empaumure.

Les Daims qu'on tire du Canada ou du Micíſſipi en terre ou en poil, ſe vendent, lorſqu'ils ſont chamoiſés, juſqu'à 4 livres 10 ſols ou 5 livres la livre ; & comme une peau de daim ne peſe pas deux livres, elles valent en gros plus de 100 livres la douzaine ; & il y en a qui ſe vendent juſqu'à 18 & 24 livres la piéce : on les achete en verd 6 à 7 livres ; mais en tems de guerre, on n'en emploie preſque point ; cette interruption de commerce, dès qu'elle dure pluſieurs années, ne manque jamais de ruiner beaucoup de Chamoiſeurs.

Le daim eſt plus aiſé à travailler que le mouton ; comme il eſt plus tendre, plus aiſé à abattre, le confit lui eſt inutile.

Les peaux d'Elan & d'Oregnal, ſont à peu-près de la même qualité, & auſſi eſtimées que les peaux de daim ; toutes ces peaux qui viennent d'Amérique, ſe travaillent principalement à Niors en Poitou.

La peau de chevreuil paſſe facilement pour une peau de daim : elle en a la ſoupleſſe & la beauté ; les peaux de cerfs réuſſiſſent auſſi fort bien en Chamois.

Les peaux des Castors qui vivent en Canada, & que l'on en tire pour l'usage des Chapeliers, ne servent presque jamais aux Chamoiseurs ; quand elles ont été pelées, elles sont presque toujours coutelées, par la négligence des gens qu'on emploie à ce travail ; ces peaux ne servent la plûpart qu'à faire de la colle ; elles seroient d'ailleurs trop épaisses, pour l'usage ordinaire de la ganterie ; & trop rares, pour en faire des équipages de Cavalerie.

Au défaut des véritables peaux de Castor, on fait passer, sous ce nom, les peaux de boucs, de veaux, de moutons, & sur-tout de chevres ; quand elles ont été chamoisées & teintes en gris, en brun, ou en quelqu'autre couleur : on leur donne le nom de *peaux de castor* parmi les Gantiers. Ils emploient quelquefois du daim ; mais ce ne sont guères que les rognures ou les peaux défectueuses.

Les cuirs de cheval réussissent bien assez en Chamois, excepté la croupe qui est naturellement trop seche pour prendre la nourriture.

Les peaux d'ânes & de loups sont dures & cassantes ; on évite de les passer en Chamois : elles n'y acquierent pas la souplesse & la douceur qui est nécessaire à cette préparation de peaux.

Les peaux de chiens sont douces, mais sujettes à la graisse ; il y a des personnes qui ont des douleurs auxquelles cette graisse naturelle est avantageuse, & on leur donne des bas de peau de chien passée en Chamois.

Je mets au dernier rang (parce qu'elle est certainement la moins employée à cet usage) la peau humaine qu'on a fait quelquefois chamoiser, & qu'on assure être un excellent topique à mettre sur les corps ou callosités qu'on a souvent aux pieds.

Des défauts qui se trouvent dans une Peau chamoisée.

81. La nature même de la peau, forme les premiers inconvénients que rencontre le Chamoiseur ; il y a des peaux *creuses* dont le tissu est si lâche, que la peau se sépare en deux couches, dont chacune est trop mince pour pouvoir être chamoisée ; quand on apperçoit un endroit de la peau qui paroît creux, on ne l'effleure point ; on le ménage dans le travail de riviere, & on le conserve si on le peut : mais cette partie est toujours foible & d'un mauvais service.

On prétend que quand les moutons habitent dans des pâturages humides, leur peau est sujette à se creuser.

Les peaux surprises par le hâle, lorsqu'elles sont sur les cordes, forment un cuir *corné*, c'est-à-dire, dur & roide dans l'intérieur, dont il n'y a que la surface de passée.

Un cuir est encore plus mauvais s'il a resté en pile, en tas, en pelote, trop long-tems, s'il s'est échauffé, & a fermenté ; il se pourrit, il tombe en chair & se détruit, ou dans le moulin, ou à la dégraisserie.

Le moulin

Le moulin coupe quelquefois les peaux : s'il se trouve un clou détaché, une esquille de bois, un angle cassé dans les maillets ; il n'en faut pas davantage pour écorcher un grand nombre de peaux, & l'on ne sçauroit trop visiter son moulin pour prévenir des accidents pareils.

Il y a aussi des cuirs brûlés sur perche : quand ils sont plus verds que les autres, ils se retirent.

Il y a des peaux qui sont difficiles à dégraisser, qui, quand elles sont à la seche, poussent quelquefois une humeur de graisse : on est obligé de les retremper dans la lessive, & de les tordre de nouveau. Il y en a même, dont la graisse se conserve de maniere à ne reparoître qu'après un long-tems, dans le magasin du Marchand ; quand on s'apperçoit qu'elles poussent de l'huile ou de la graisse, on les renvoie chez le Chamoiseur pour les tremper ou les dégraisser encore une fois.

Le travail du Chamois est si délicat, que deux foulées faites dans le même tems, avec le même soin & les mêmes précautions, ne se ressemblent jamais dans la durée des vents qu'elles exigent, dans la couleur qu'elles prennent, & dans les circonstances dont elles sont accompagnées ; quelquefois les peaux de mouton qui ont trop souffert par le vent, & qui sont roides & dures, se remaillent pour qu'elles deviennent plus douces & plus déliées ; mais elles perdent de leur force, & souvent deviennent *clairvoisées*, c'est-à-dire, minces & transparentes, par l'opération du remaillage, qui ne convient pas aux peaux de moutons.

Les cerfs des environs de Paris & de plusieurs autres endroits de la France, sont sujets à avoir la peau percée par des insectes qui s'établissent & habitent dans le tissu même de la peau : c'est ce qu'on appelle *une peau tonnée.*

Les cerfs que l'on tue en été en ont moins, parce que c'est le tems où ils guérissent de ces especes de blessures ; les daguets de deux ou trois ans n'en ont point ; les cerfs qui habitent dans des pays plus écartés & plus déserts, tels que les cerfs des Ardennes, y sont aussi moins sujets, parce que, étant plus vifs & plus sauvages, ils s'en garantissent mieux & qu'ils ont la peau plus dure ; par-tout la domesticité, l'oisiveté & le repos font dégénérer l'espece d'un animal.

Il y a aussi des peaux, qui, sans être entiérement percées, sont cependant attaquées par la tique, autre espece d'insecte qui s'y attache, & pénétre une partie de la peau.

Du commerce de la Chamoiserie.

On travaille en Chamois dans plusieurs Provinces de France, principalement à Niors en Poitou, à Strasbourg, à Grenoble, à Anonay en Vivarais, à Maringue en Auvergne, à Nantua en Bugey, à Genêve, &c. On tire les peaux de boucs & de moutons de toutes les Provinces de France, & même de l'étranger ; on tire aussi du Canada les peaux de boucs, celles d'élans, de daims, de cerfs ; on en tire également de la Russie : l'Angleterre fait une partie de ce commerce dans le Nord.

L'apprêt des diverses Pelleteries du Canada & du Nord, & la plus belle partie de ce commerce, est entre les mains des Hollandois ; mais il seroit très-possible à la France de le partager avec eux : nous n'en devons pas désespérer.

La France fournit même à présent des peaux chamoisées à plusieurs de ses voisins. Les Espagnols, les Portugais & les Flamands en tirent de Niors, d'Orléans, d'Etampes, de Nîmes, de Grenoble, de Maringue en Auvergne.

Les chevres se travaillent à Grenoble, les daims à Niors en Poitou ; les veaux à fleur se font à Orléans & à Etampes.

Le mouton à fleur se tire aussi d'Orléans ; on y excelle principalement dans cette partie. Les buffles se travaillent à Corbeil, à Etampes & à Pont-Sainte-Maixence en Picardie, à deux lieues de Senlis.

Les plus beaux veaux à fleur se font à Etampes & à Orléans.

Les droits établis sur les cuirs par le Tarif du 9 Août 1759, sont une chose très-onéreuse aux Fabriquants dans la perception ; il seroit à souhaiter que ces droits fussent abonnés pour le bien du commerce.

En effet, la forme de la Régie qui exige trois déclarations, est insupportable pour le Fabriquant ; on ne sçauroit être assuré vingt-quatre heures d'avance de ce que l'on pourra faire le lendemain ; un Acheteur qui survient, exigeroit souvent que l'on s'occupât d'une opération à laquelle on n'étoit pas préparé : d'ailleurs, les mécomptes des Ouvriers exposent le Maître à des contraventions ; & l'on n'est jamais en sûreté vis-à-vis des Régisseurs.

Un Fabriquant est souvent exposé à être décrié, par la connoissance que prennent des Etrangers de l'intérieur de ses affaires ; & la fortune des Particuliers importe souvent au bien général du commerce.

Des Commis qui ont le droit de bouleverser un atelier, de faire dépiler dans le foulon, de faire tirer les peaux du lavage, au risque de faire manquer des opérations délicates, peuvent molester un Fabriquant, peut-être même le ruiner. Des marchandises *avariées*, c'est-à-dire, gâtées, défectueuses, payent les droits en ne rendant rien au Fabriquant ; inconvénient que l'on ne sçauroit prévenir que par un abonnement général dans les Provinces.

On trouvera ci-après (page 36) l'Extrait du Tarif qui contient les droits dont je viens de parler.

ETAT DES FRAIS ET DU PRODUIT
DE LA CHAMOISERIE,

Soit pour les petites Peaux, ſoit pour la Guinée aux environs de Paris, en 1762.

Pour les Peaux de Moutons paſſées en Chamois.

LES PEAUX que l'on achete en gros ſe vendent par millier ; mais ſur vingt-cinq on en donne une de bon, ainſi le millier en produit 1040.

	liv.	ſ.	d.
Les 1040 peaux ou 86 douzaines & 8 peaux, coûtent chez les Mégiſſiers de Paris, à 70 liv. les 104 peaux	700		
Pour l'embottage	6		
Pour le tranſport des peaux ou voitures, environ	8		
Pour la conſommation de la chaux avec la main-d'œuvre des plains	10		
Pour l'effleurage, à un ſol par peau	52		
Pour travailler de riviere & tordre après le confit, à trente ſols, de 104	15		
Pour la conſommation de dix boiſſeaux de ſon, pour les confits, à cinq ſols	2	10	
Pour le paſſage au moulin	35		
Pour la conſommation d'huile de poiſſon, à 8 liv. par douzaine pour la ſorte de Paris, 670 liv. net à 50 ſ. le cent	335		
Pour la conſommation du bois aux étuves, à un ſol par douzaine	4	6	
Pour le dégraiſſage à quatre ſols par douzaine	17	6	8
Pour la conſommation de la potaſſe, à deux livres peſant par douzaine, c'eſt-à-dire, cent ſoixante & douze livres de potaſſe : ce ſel revenant à ſix ſols la livre . . .	51	12	
Pour le bois de la dégraiſſerie, à 1 ſ. 6 den. par douzaine . . .	6	10	
Pour l'ouverture ſur le peſſon, à 1 ſ. 6 den. par douzaine . . .	6	10	
Pour parage à la lunette, à quatre ſols par douzaine	17	6	8
Pour rentrayage à l'aiguille, à 2 ſ. 6 den. par douzaine . . .	10	15	
Pour redreſſage & établiſſage, à un ſol par douzaine	4	6	8
Pour le nouveau droit de marque établi en 1759 pour chaque millier, environ	60		
Pour voiture & entrée aux Barrieres de Paris, ſi elles ſont fabriquées au-dehors, environ	12		

Si c'étoit des boucs, il faudroit encore ajouter le remaillage, pour lequel on donne deux ſols de chaque peau : les chevres ne ſe payent qu'un ſol ſix deniers.

Reprises en Production.

	liv.	s.	d.
Le millier de peaux produit ordinairement deux cents livres net de colle brute seche, à dix livres le cent	20 liv.		
Les 670 livres d'huile de poisson employées, rendent les [illegible] en dégras, ce qui forme 415 livres de dégras, à 60 livres le cent . . . . . 249 liv. Sur quoi il faut diminuer la consommation du bois pour le faire cuire, à raison d'un sol par livre, y compris la paye de l'Ouvrier qui veille à la cuisson .. 20 15 s.	228 liv.	5	
Ainsi chaque douzaine de peaux chamoisées, revient au plus à douze livres dix sols.			
Mais la douzaine du fort au foible doit valoir au moins quinze livres ;			
Donc le total du bénéfice net sur chaque douzaine, sera de deux livres dix sols.			

Une belle peau de mouton passée en Chamois, vaut quelquefois trois livres ; mais il s'en trouve qui ne valent pas dix sols, c'est-à-dire, six livres la douzaine.

Les peaux de boucs se vendent de trente à soixante livres ; il y en a qui vont à cent livres la douzaine, lorsqu'elles sont bien choisies & sans défaut ; on appelle celles-là *des chapons*. Les peaux ordinaires pesent une livre & plus ; & en général elles reviennent à cinq livres dix sols la livre, quoiqu'on n'ait pas coutume de les vendre au poids.

Les peaux de castor n'étant que des peaux de chevres teintes, ne coûtent guères plus que les chevres & les boucs.

Les véritables peaux de Chamois qui se vendent souvent dans le Dauphiné, coûtent six livres en poil, & douze livres lorsqu'elles sont chamoisées.

J'ai dit que le nouveau droit de marque établi par l'Edit du mois d'Août 1759, monte environ à soixante livres pour chaque millier de peaux de moutons ; il faut actuellement faire une distinction des autres qualités ; j'ajouterai même que dans la perception, les Régisseurs ont été obligés de se relâcher sur certains articles des droits établis par le Tarif du 9 Août, qui se trouve à la suite de l'Edit d'Août 1759.

Les peaux de daim, chevreuil, chamois, passées en huile ou autrement, doivent pour chaque livre pesant	10 s.
Les peaux de cerf, d'élan, d'orégnal, passées en huile, doivent, suivant le Tarif	6
Et le droit se perçoit en conséquence.	
Les peaux de chevreaux, d'agneaux, de tout apprêt, même de celui de pelleterie, doivent, suivant le Tarif	8
Mais dans l'usage les peaux de chevreaux ne payent que quatre sols, & les peaux d'agneaux deux sols.	
Les chevres tannées, corroyées, passées en chamois ou autrement, suivant le Tarif	6
On ne perçoit que quatre sols.	
Les peaux de bouc, de maroquin en croûte, c'est-à-dire, brut & non paré, suivant le Tarif	8
Mais les boucs, suivant l'usage, sont réduits à quatre sols.	
Les cuirs de bœufs ou de vaches tannés à fort & à œuvre, passés en buffle en Hongrie, en Russie ou autrement, suivant le Tarif, & suivant l'usage, pour chaque livre pesant ..	2

Tous

Tous les cuirs & peaux façonnés qui ne ſont point dénommés au Tarif, paient dix pour cent de leur valeur. Suivant l'Article IX de l'Edit, à la ſortie des cuirs & peaux tannés & apprêtés pour l'étranger, les droits ſont reſtitués en entier, ſauf le droit de ſortie établi par l'Article XIII du même Edit.

POUR un Cuir de BOEUF ou de VACHE chamoiſé, qu'on appelle communément *Guinée*.

DÉBOURSÉS.

Nota. LES cuirs pour chamoiſer, doivent être choiſis depuis 70 livres & au-deſſous rais de 50 livres.

	liv.	ſ.	d.
Un cuir de cinquante livres, ſortant de chez le Boucher, frais, en poil, vaut	11 liv.	5 ſ.	d.
Il en coûte pour le faire enlever de chez le Boucher		2	
Plus pour l'apprêt ſur les pleins, tant en conſommation de chaux, que pour la main-d'œuvre des Plamiers		8	
Pour le pelage & lavage de la bourre		1	
Pour l'écharnage & l'effleurage		7	
Pour le razage de la tête		1	6 d.
Pour le paſſage au moulin		8	
Pour l'emploi de dix livres d'huile de poiſſon, à cinquante livres le cent. *Nota*, que cinq livres de cuirs frais emploient une livre d'huile.	5		
Pour la conſommation du bois aux étuves		2	
Pour le remaillage & dégraiſſage		7	
Pour la conſommation de potaſſe, ſervant à dégraiſſer le cuir, deux livres à ſix ſols		12	
Pour la conſommation du bois à la dégraiſſerie		3	
Pour le recoulage		1	
Pour le pouſſage		1	
Pour le razage		2	
Pour le rentrayage		2	
Pour le dernier coup de fer du repouſſage			6 d.

Repriſe ou produits.

	liv.	ſ.	d.
UN cuir fournit du fort au foible à cauſe de l'été, où la bourre ſe jette, une livre de bourre que le Peleur eſt obligé de laver, à dix livres le cent		2	
Deux livres de colle brute, à dix livres le cent, lavée & ſeche		4	
Deux cornes à ſept livres dix ſols le cent		3	

Six livres un quart de dégras, parce que l'huile employée rend les cinq huitiémes, à soixante livres le cent	3 liv.	15	
Sur quoi il faut déduire pour le bois, servant à cuire le dégras, & le Manouvrier qui veille à la cuisson, un sol par livre		6 s.	3 d.
Reste pour	3	8	9
Un cuir du poids de cinquante livres, coûte chamoisé prêt à vendre, 15 liv. 5 s. 3 d. Puisque la Guinée pesant douze livres & demie à quarante sols, produit	25		
Et qu'elle coûte environ	15	10	
Le total du bénéfice net, sur chaque buffle, sera donc . .	9	10	
Ce même cuir chamoisé doit peser douze livres & demie.			
Si l'on suppose chaque livre de cuir chamois revenir à vingt-cinq sols, on aura pour la dépense du cuir entier...	15 liv.	12 s.	d.
Mais le cuir en poil coûte	11	5	
Ainsi la fabrication seule de ce cuir coûte	4	7	6 d.
Et comme quatre livres pesant de cuir frais rendent une livre de cuir chamois, il en résulte que chaque livre de cuir frais coûte à chamoiser environ		1	8 d.
Et que la livre de cuir chamoisé a coûté à fabriquer		6	10 d.

Le cuir sortant de chez le Boucher, exige au plus quatre mois pour être fabriqué prêt à vendre ; ainsi on pourroit doubler ses fonds dans les douze mois de l'année, si la marchandise ne séjournoit pas en magasin, & si les pertes accidentelles ne diminuoient considérablement le bénéfice.

EXPLICATION DES FIGURES.

PLANCHE I.

On voit dans le haut de la Planche, les trois principales actions du Chamoiseur, qui consistent à tordre, ouvrir & parer.

A, Cuve destinée à recevoir la lessive, surmontée d'un tonneau, dans lequel on met des cendres ou de la potasse.

B, Fourneau & chaudiere, où l'on fait chauffer la lessive pour la porter ensuite dans la cuve 1.

N°. 1. Cuve où l'on verse la lessive chaude sur les peaux, pour les laisser tremper deux ou trois jours, suivant le tems; d'où on les porte au moulin.

N°. 2. Cuve où l'on remet les peaux au sortir du moulin avec de la lessive, pour les dégraisser mieux pendant l'espace d'un jour ou deux.

N°. 3. Cuve où l'on donne aux peaux une troisiéme lessive, pour les perfectionner avant de les faire sécher à l'air.

C, Action de celui qui tord les peaux, quand elles ont été dans la lessive.

D, Banc où le Tordeur étend les peaux, pour couper, avec des forces, les bouts de queues, oreilles & autres extrémités.

E, Action de celui qui ouvre la peau de Chamois sur le pesson ou palisson.

F, Action de celui qui *pare* avec le fer, appellé *pouſſoir*, pour faire le frise du Chamois, ou lui donner le velouté.

Bas de la Planche.

A, C, D, E, Cuves où l'on met la lessive.

B, Fourneau & chaudiere.

F, Pesson, palisson, ou banc sur lequel est élevée une piece de fer *t*, légérement tranchante, pour ouvrir & étirer les peaux.

f, Banc du pesson.

N°. 1, 2, 3, 4, pieds du pesson.

N°. 5, Fer redoublé en angle aigu, qui forme le palisson.

N°. 6. Piece de bois plantée de bout sur le pied du palisson, pour recevoir le fer du palisson.

N°. 7. Clavette pour tenir le montant serré par-dessous le pied.

G, Pierre dont on charge le pesson.

H, Maillot ou marteau de bois.

I, Forces pour rogner les peaux.

K, Grand paroir.

k, Peau de Chamois, de Bœuf ou d'Elan, passée en huile.

a a, Gros poteaux qui servent de montants au paroir, & qui s'appuient contre le mur.

b, Montant plus court, couché en joue sur un des poteaux.

c, Traverse sur laquelle est pratiquée une rainure, dont le fond est arrondi.

d, Traverse arrondie, qui se loge dans la coulisse pour serrer une peau sans la blesser.

†, Clavette qui serre la traverse *d*.

*** Chevilles ou boulons de fer, pour soutenir les pieces *c* & *d*.

L, Poussoir ou fer à pousser & razer les cuirs.

M, Petit paroir, pour parer les petites peaux de Chamois.

e & *g*, Poteaux du petit paroir.

m, Peau de Chamois placée sur le paroir.

nn, Bâton rond, sur lequel se plie la peau.

oo, Deux pitons de fer qui tiennent le bâton.

ppp, Trois crochets de fer, qui appuient sur la peau.

qqq, Pesons de plomb, pour charger les crochets.

R, Lunette à parer.

s, Fusil ou instrument qui sert à aiguiser la lunette.

** Herse ou boucle de fer tordu, pour rendre les peaux plus douces & plus faciles à parer ; on la place quelquefois sur le poteau du paroir, quelquefois dans le mur.

t, Pesson ou palisson, sur lequel on ouvre les peaux.

u, Pilon dont on se sert, pour fouler les peaux dans les bacquets.

X, Bille, manivelle de fer pour tordre les peaux.

PLANCHE II.

Fig. 1 & 2. Moulin du Chamoiseur, vû de profil des deux côtés.

A, Est un des deux pilons qui frappent dans chaque coupe.

B, Est l'extrémité de la queue des pilons, qui s'appuie par une entaille sur la traverse du haut de la charpente.

C, Est le profil de la coupe, c'est-à-dire, de la pile ou auge dans laquelle les peaux sont foulées.

D, Petit arbre horisontal, dont les quatre mentonets *dd* levent les queues des pilons.

E, Hérisson ou roue de trente-six dents, qui conduit la lanterne de l'arbre des cames, & qui est à l'extrémité du grand arbre horisontal.

F, Est un treuil ou tour qui sert à tenir les pilons élevés au moyen du crochet *G*, & d'une corde qui passe sur la poulie *H*, placée au-dessus du moulin.

G, Crochet

G, Crochet de fer qui tient au pilon, & par lequel on l'accroche pour le mettre hors de prise.

H, Poulie de renvoi, pour élever les pilons.

I, Escalier de bois, qui conduit à la *coupe* ou auge du moulin, pour en retirer les peaux.

FIG. 3 & 4. Moulin du Chamoiseur, vû de face & par derriere.

A, *A*, Timons ou leviers, sur lesquels agissent les deux chevaux qui font aller le moulin.

B, Rouet de quarante-huit aluchons, dont l'axe est vertical.

C, Lanterne de vingt-deux fuseaux, placée à l'une des deux extrémités du grand arbre horisontal, & qui tourne par le moyen du grand rouet.

D, Grand arbre horisontal.

E, Hérisson, roue de trente-six dents, placée à l'autre extrémité du grand arbre.

F, Lanterne de dix-neuf fuseaux, placée sur l'arbre des cames.

GG, Cames ou mentonets garnis de rouleaux à leurs extrémités, & qui servent à élever les queues des pilons.

HH, Pilons ou maillets, qui frappent dans les coupes, deux à deux dans chaque coupe.

II, Cordes qui servent à relever les pilons, quand on veut vuider la coupe.

KK, *fig.* 5. Circonférence de 30 pieds de diametre, sur laquelle tournent les chevaux.

LL, Paloneau auquel on attache les traits des chevaux qui doivent faire tourner le moulin.

MM, Elévation des coupes dans lesquelles se mettent les peaux.

N, Suspension des maillets au haut de la charpente.

O, Treuils ou tours, sur lesquels s'enveloppe une corde pour relever les pilons.

PLANCHE III.

FIG. 5. Plan du Moulin du Chamoiseur. *Les lettres sont les mêmes que dans les figures 3 & 4 de la Planche II.*

FIG. 6, 7, 8 & 9. La presse des Buffles vûe de profil & en perspective, avec son plan & ses détails.

KK, Deux montants ou fortes pieces de bois, avec des retours en forme de potence pour soutenir la presse.

L, Piece mobile de la presse, ou mâchoire qui s'ouvre pour laisser entrer les peaux de buffle.

M, Piece immobile fixée sur les montants.

N, Levier ou perche de bois qu'on engage dans la peau, & que l'on fait tourner à force de bras pour tordre & exprimer l'huile.

O, Peau de buffle ſerrée & tordue dans la preſſe.

P, Charniere de fer qui ſert au mouvement de la preſſe, & qui eſt auſſi repréſentée ſéparément.

pp, Boulons de fer qui traverſent les deux mâchoires de la preſſe, pour ſoutenir les peaux.

Q, Gerle ou ſeau noyé dans la terre, deſtiné à recevoir l'huile que l'on exprime des buffles.

R, Vis de la preſſe, que l'on tourne avec un levier pour ſerrer enſemble les deux mâchoires.

r, La même vis détachée.

S, Manivelle ou levier qui ſerre la vis.

ss, L'écrou vû de face & de côté.

TT, Platine de fer dont on garnit le trou de la preſſe, & ſur laquelle appuie la tête de la vis.

tt, Autres platines de fer.

Fig. 10. Plan & perſpective de l'échauffe ou étuve du Chamoiſeur.

AA, Plan de l'étuve, qui a onze pieds dans-œuvre.

B, Eſt la porte.

C, Petite fenêtre de huit à dix pouces, pour aider quelquefois à la reſpiration, on la voit dans le plan, auſſi bien que dans la perſpective.

D, Eſt un petit feu de menu bois, allumé dans le milieu de l'étuve.

E, Sont des perches tendues tout autour de l'étuve, avec des crochets pour y ſuſpendre les peaux au ſortir du moulin : on les voit ſous la même lettre.

F, Eſt un ſoupirail ou eſpece de cheminée, que l'on voit dans la perſpective de l'échauffe, pour laiſſer ſortir la fumée, & diminuer la chaleur de l'étuve à volonté.

G, Marque le tas des peaux, qui ſont en échauffe ou en fermentation.

PLANCHE IV.

Moulin de Chamoiſeur en grand pour les buffles.

Fig. 11. Portion du Moulin, vû de profil.

AA, Pilons ou marteaux, qui frappent dans les coupes ou auges.

a, Planches qui finiſſent la pile.

B, Fond de la coupe où entrent les pilons.

C, Grand arbre tournant, qui leve les queues des marteaux.

D, *Figure* 11 & 12, Roue de quatre pieds & demi de diametre, qu'on fait tourner au moyen d'une corde ſans fin.

E, Corde qui s'enveloppe sur l'axe de la roue, & qui porte une boucle pour élever, par un crochet, les pilons quand on veut les relever.

F, Corde fixée par une extrémité, & qui porte une boucle pour arrêter les pilons.

f, Crochet du pilon, par lequel on l'arrête.

G, Piece de bois, sur laquelle tournent les queues des pilons.

g, Moulinet qui sert à élever les pilons, quand on veut en renouveller la suspension.

Fig. 12 & 13. Elévation & plan du Moulin.

f, Corde par laquelle on arrête les maillets.

g, Moulinet pour enlever les pilons.

HH, Arbre tournant de trente-huit pieds de long, qui porte la roue & les mentonets.

h, Corde qui éleve un des pilons pour le réparer.

I, Grande roue à aubes, de dix-sept pieds de diametre.

KK, Mentonets ou Cames, qui font lever les pilons.

LL, Moulinets qui servent à enlever les pilons, pour réparer la suspension.

MM, Escaliers par lesquels on monte vers les coupes.

NN, Suspension des pilons, qui consistent en une petite piece de bois qui traverse les queues des marteaux, & porte de chaque côté sur la charpente.

OO, Digue ou séparation des deux coursieres, dont l'une est pour faire aller le moulin, & l'autre pour décharger les eaux.

PP, Pilons ou marteaux : le premier part avec le septieme, le second avec le huitieme; les deux derniers, onze & douze, sont hors de prise.

QQ, Plan des coupes ou auges, dans lesquelles on met les buffles.

R, Mortiers, dans lesquels on faisoit autrefois piler la soude par le moyen de l'eau.

AVERTISSEMENT.

ON a dû voir dans cette description de l'Art du Chamoiseur, combien l'Académie a trouvé de facilité dans la Manufacture de saint Hippolyte, au Fauxbourg saint Marceau, dans celle de Corbeil, & dans celle de M. Rigaud habile Chamoiseur à Etampes ; M. Barois Directeur de la premiere, M. Denis Directeur de la seconde, & M. Rigaud Propriétaire de la troisieme, ont ajouté à nos travaux, non-seulement les connoissances & les lumieres que l'on pouvoit attendre de leur expérience & de leur habileté, mais toute la candeur & le zèle que l'on peut mettre dans des choses de littérature, sans appréhension, sans jalousie & sans réserve : ce ne seroit peut-être pas un éloge digne de ces Messieurs, dans un tems plus éclairé & plus philosophique ; mais c'en est un aujourd'hui, que le préjugé & l'intérêt soulevent encore la plûpart des Artistes, contre les recherches utiles de l'Académie dans les Arts.

Il n'y avoit rien sur l'Art du Chamoiseur, dans les anciens Manuscrits de l'Académie. Il est vrai qu'on en trouve une très-bonne description dans le troisieme volume de l'Encyclopédie; mais la nature de ce Dictionnaire qui ne comportoit pas des détails aussi étendus que les nôtres, laissoit encore un libre champ à notre nouvelle description. D'ailleurs, si on les compare ensemble, on verra qu'il y a souvent différentes manieres d'appercevoir les mêmes choses, & que les Arts ne peuvent que gagner à cette concurrence.

TABLE DES MATIERES,

AVEC L'EXPLICATION DES TERMES.

Les chiffres expriment les Articles, à moins qu'on n'ait spécifié la page.

FIN.

Janvier 1763.

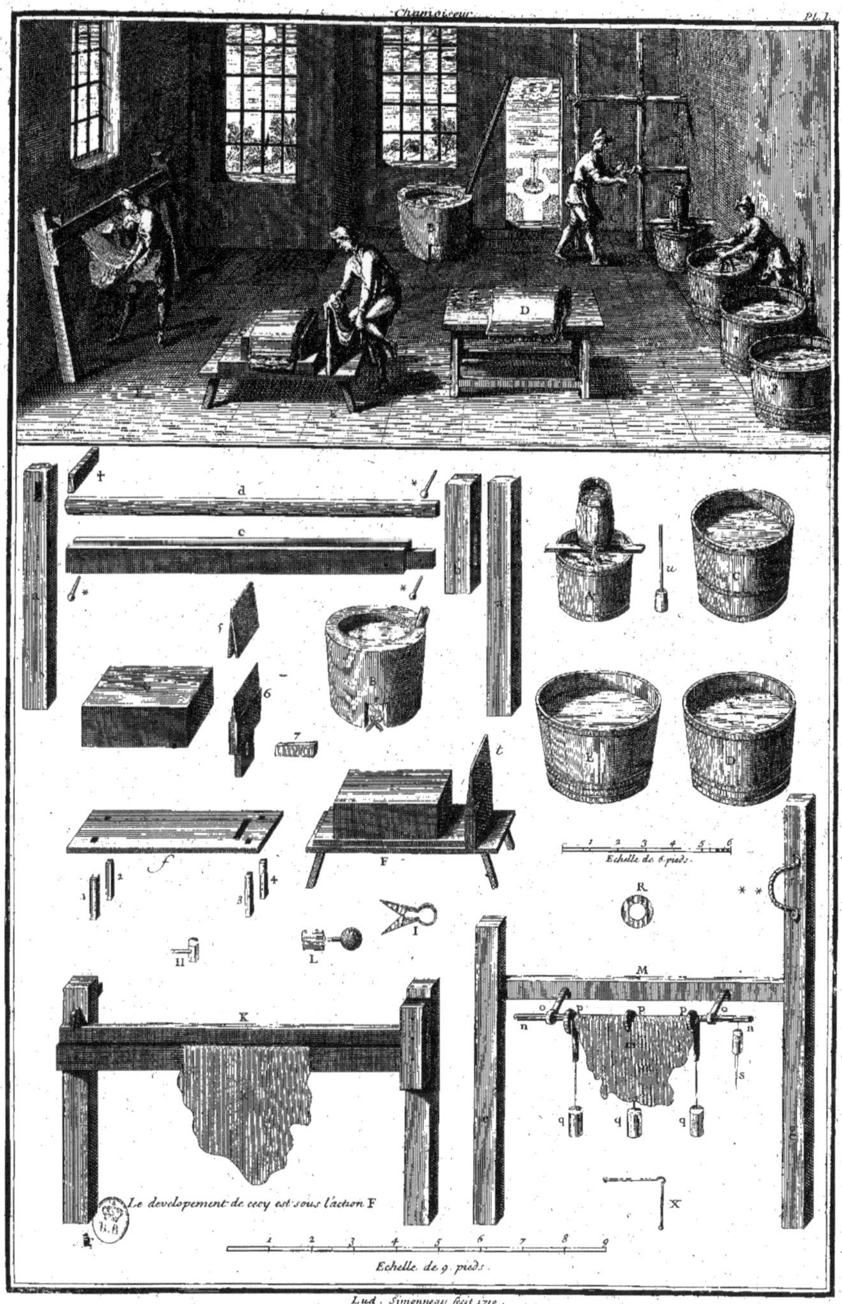

Lud. Simonneau fecit 1710.

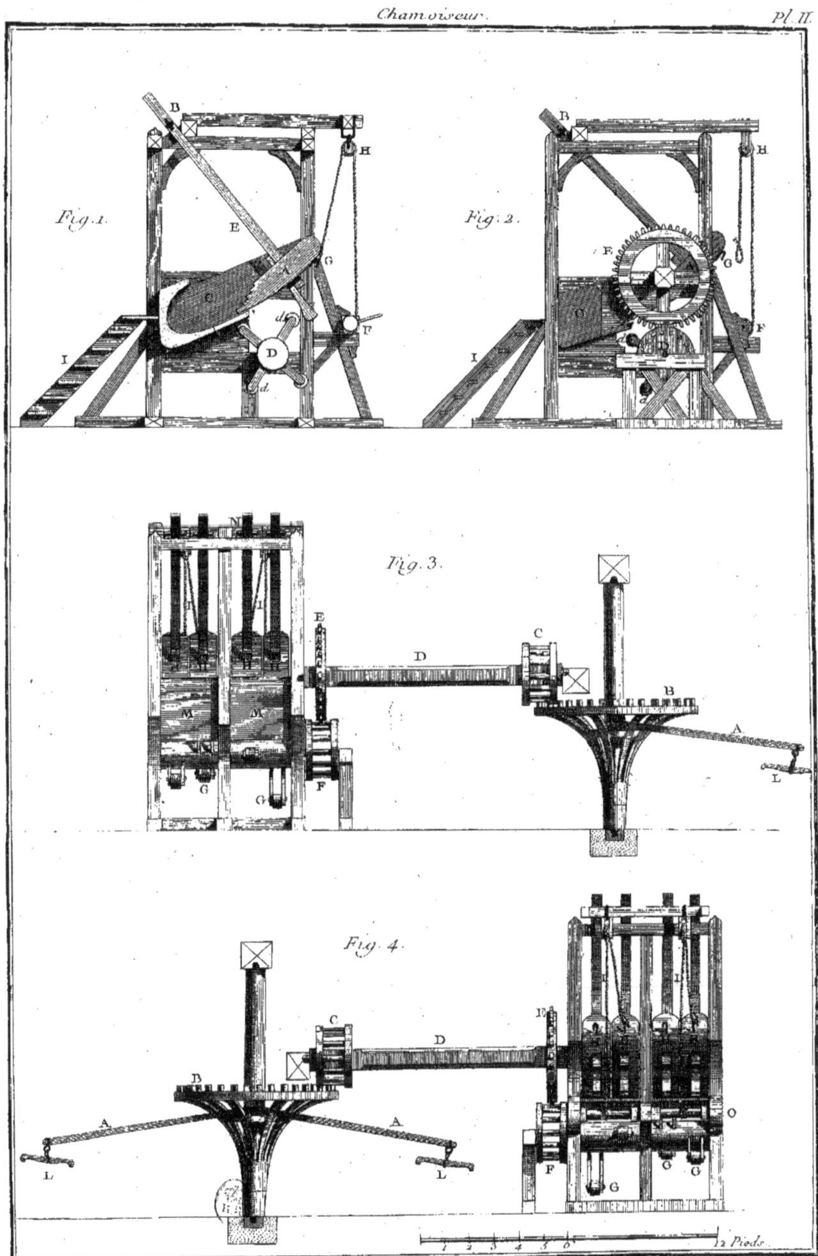
Chamoiseur.
Pl. II.
Fig. 1.
Fig. 2.
Fig. 3.
Fig. 4.
12 Pieds
Dessiné et Gravé par Patte

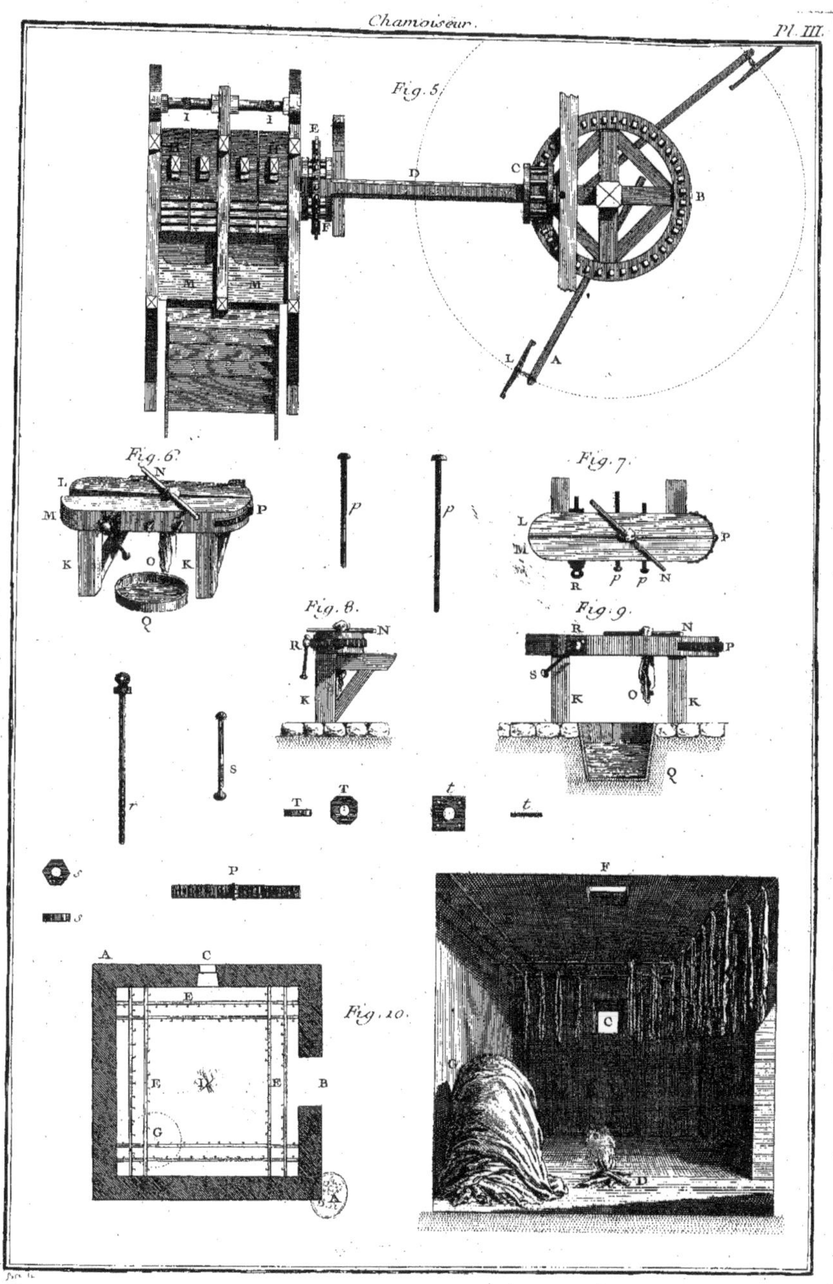
Chamoiseur.
Pl. III.
Fig. 5.
Fig. 6.
Fig. 7.
Fig. 8.
Fig. 9.
Fig. 10.

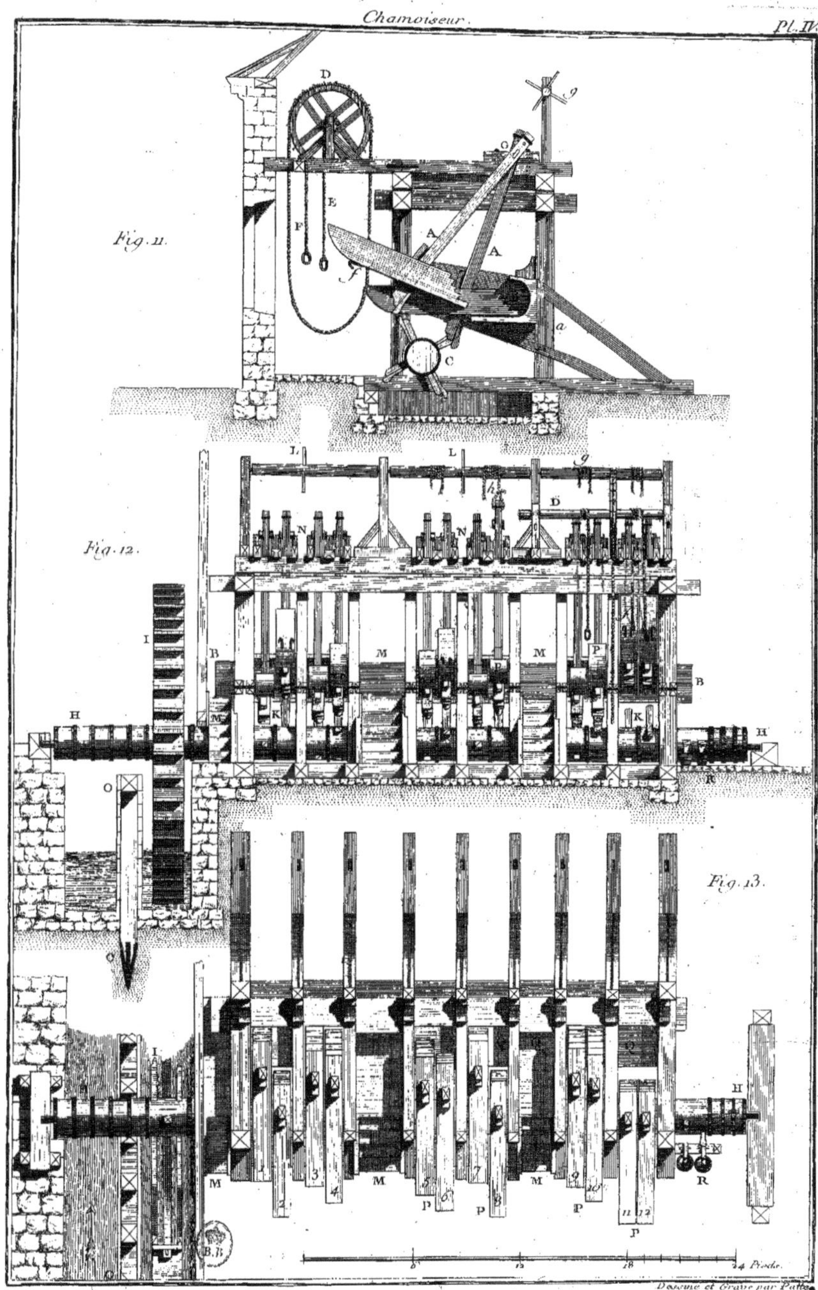

Dessiné et Gravé par Patte.

www.ingramcontent.com/pod-product-compliance
Ingram Content Group UK Ltd.
Pitfield, Milton Keynes, MK11 3LW, UK
UKHW021006220726
13924UKWH00002B/915